# Gedächtnistraining

## Nie wieder vergesslich

Jens Seiler

2. Auflage

C.H.BECK

# So nutzen Sie dieses Buch

Die folgenden Elemente erleichtern Ihnen die Orientierung im Buch:

## Beispiele

*In diesem Buch finden Sie zahlreiche Beispiele, die die geschilderten Sachverhalte veranschaulichen.*

## Definitionen

*Hier werden Begriffe kurz und prägnant erläutert.*

Die Merkkästen enthalten Empfehlungen und hilfreiche Tipps.

### Auf den Punkt gebracht

Am Ende jedes Kapitels finden Sie eine kurze Zusammenfassung des behandelten Themas.

# Inhalt

# Der Weg zum Erfolg führt über ein gutes Gedächtnis!

Heutzutage – im sogenannten Computer- und Handyzeitalter – sind wir vom Wissen der Welt nur einen einzigen Mausklick entfernt. Via Internet können wir binnen weniger Sekunden jede beliebige Information recherchieren. Doch diese scheinbar unbegrenzten Möglichkeiten haben auch ihre Schattenseite: Die meisten Menschen vernachlässigen ihr eigenes Gehirn; die allgegenwärtige Informationsflut macht kontinuierliches Gedächtnistraining scheinbar überflüssig. Dieses „Phänomen" wird nicht zuletzt mit den Ergebnissen der PISA-Studie greifbar. Auch in abendlichen Quizshows am heimischen Fernseher lässt sich diese Entwicklung regelmäßig beobachten.

Die Gründe für abnehmende Gedächtnisleistungen sind vielfältig: Zum einen werden in Schule, Studium und beruflicher Weiterbildung keine Lerntechniken trainiert. Zum anderen erfolgt die Wissensvermittlung von Fachkompetenzen meistens punktuell. Der langfristige Lernerfolg ist damit häufig nur sehr gering. Dabei ist fundiertes Knowhow heute wichtiger denn je: In Verhandlungen bildet Fachwissen oftmals die Basis für vertrauensvolle Geschäftsbeziehungen; gute Verträge kommen hingegen meist erst hinterher, im Rahmenprogramm, zustande.

Das vorliegende Buch hilft Ihnen, Ihr eigenes Wissen künftig immer ad hoc – also quasi auf Knopfdruck – abzurufen und den Lernstoff leichter zu bewältigen. Möglich ist das mit den Methoden der Gedächtniskunst. Sie helfen Ihnen, wesentliche Informationen richtig zu erkennen und so aufzuarbeiten, dass Sie sich das Wissen auf Dauer merken können – auch ohne Notizzettelchen oder schriftliche Gedankenstützen. Schon nach wenigen praktischen Übungen werden Sie kaum noch etwas vergessen und stellen fest, dass Sie Ihr Gehirn genauso trainieren können, wie einen einzelnen Muskel.

Das intensive Training anhand zahlreicher Beispiele aus der Allgemeinbildung spornt Ihr Gedächtnis zu Höchstleistungen an. Quasi als Nebeneffekt erlernen Sie zudem viel Wissenswertes aus den Themenbereichen Erdkunde, Geschichte, Naturwissenschaften, Kunst und Kultur, Lifestyle und Sport – Wissen, mit dem Sie beim Small Talk glänzen können. Dies alles kommt Ihnen übrigens nicht nur im Job zugute. Auch für das private Umfeld erlangen Sie mit einer ausgeprägten Allgemeinbildung wichtige Sympathiepunkte.

Mein Tipp: Lesen Sie das Buch Schritt für Schritt. Den größten Erfolg erzielen Sie nämlich dann, wenn Sie die Übungen konsequent ausprobieren und in der Praxis anwenden. Dabei kommt es nicht darauf an, die Techniken der Gedächtniskunst auswendig zu lernen, sondern regelmäßig anzuwenden – Üben macht ja bekanntlich den Meister. Ein Autofahrer, der nach seiner Prüfung kaum Fahrpraxis erlangt, wird es auf Dauer immer schwerer haben, sich im Straßenverkehr zurechtzufinden.

Viel Spaß!

Jens der Denker

# Die Basis der Gedächtniskunst

Die Basis der Gedächtniskunst, der sogenannten Mnemotechnik, ist das gedankliche Verknüpfen – das Assoziieren – von Bekanntem mit Unbekanntem, und zwar mit viel Fantasie.

## Mnemotechnik

*Mnemotechnik bedeutet „Gedächtnis; Erinnerung" und ist ein Kunstwort, das seit dem 19. Jahrhundert für ars memoriae und ars reminiscentiae („Gedächtniskunst") verwendet wird. Die ars memoriae und ars reminiscentiae geht auf Simonides von Keos (ca. 477 v. Chr.) zurück.*

*Thomas von Aquin (1225–1275) überlieferte die Gedächtniskunst aus der Antike in die Moderne. Ein weiterer Meilenstein der Gedächtniskunst war das 1709 erschienene „Collegium Mnemonicum" von Johann Heinrich Döbel. Für den endgültigen Durchbruch der Mnemotechniken sorgte letztendlich Aimé Paris (1798–1866), der das in diesem Buch ausführlich behandelte Majorsystem entwickelte.*

*Die Mnemotechnik entwickelt Merkhilfen, zum Beispiel in Form von Reimen, Schemata oder Grafiken. Neben kleineren Eselsbrücken gehören zu den Mnemotechniken aber auch komplexe Systeme, mit deren Hilfe man sich ganze Bücher oder Listen mit Tausenden von Wörtern und tausendstelligen Zahlen zu eigen machen kann. Der Schlüssel zum Erfolg liegt darin, Bekanntes und Unbekanntes mit viel Fantasie zu verbinden.*

Schon das Gehirn eines Säuglings nutzt die Mnemotechnik: Es vergleicht das Lautmuster eines neuen Begriffs automatisch mit seinem bestehenden Wortschatz. Das bewusste gedankliche Verknüpfen ist folglich eine natürliche Lernmethode und wird „Assoziationstechnik" genannt.

Ein erster Schritt, eine bewusste gedankliche Verknüpfung herzustellen, liegt in der Fähigkeit, beide Gehirnhälften gleichzeitig anzusprechen.

## Assoziieren mit beiden Gehirnhälften

Das menschliche Gehirn besteht aus zwei Hälften. Die linke Hälfte ist der Sitz der Sprache, der Vernunft sowie des rationalen und logischen Denkens. Ähnlich wie in der Mathematik geht die linke Gehirnhälfte ein Problem Schritt für Schritt an. In ihr werden die Wörter sowie die Logik gebildet. Aber auch analytische und mathematische Prozesse finden in der linken Gehirnhälfte statt. Darüber hinaus ist sie für abstrakte Begriffe zuständig, die wir uns nicht bildlich vorstellen können.

Die rechte Gehirnhälfte steuert hingegen die Intuition, die Kreativität sowie die Gefühlswelt. Aktiviert wird sie durch unsere Sinne. Bilder, Symbole, Melodien und Gerüche spielen hier eine große Rolle.

### Linke und rechte Gehirnhälfte

*Ein Auto können wir uns bildlich vorstellen, ein Begriff wie „Bruttosozialprodukt" muss hingegen sprachlich vermittelt werden. Die rechte Gehirnhälfte kann sich ein Auto im Ganzen vorstellen, muss also nicht Schritt für Schritt das Bild zusammensetzen. Mehr noch: Alle Sinneseindrücke, die wir mit dem Auto in Verbindung bringen – zum Beispiel*

*Motorengeräusche oder Benzingeruch – fügt die rechte Gehirnhälfte mit in das Gesamtbild ein.*

*Die rationale Zuordnung, dass das Auto ein Verkehrsmittel ist oder dass es mehrere Autohersteller gibt, ist wiederum Aufgabe der linken Gehirnhälfte.*

Obwohl die rechte Gehirnhälfte für die bildliche Wahrnehmung von unschätzbarem Wert ist, beginnt bereits mit der Einschulung ihre systematische Zerstörung. Während Kinder im Kindergarten noch basteln oder malen und so ihre rechte Gehirnhälfte trainieren, treten bereits in der ersten Klassen abstrakte Buchstaben und Zahlen an die Stelle von realen Bauklötzen und Bastelbögen.

Mit jedem Schuljahr nimmt die einseitige Konzentration auf die linke Gehirnhälfte zu. Die Funktion der rechten Gehirnhälfte tritt damit mehr und mehr in den Hintergrund – mit fatalen Folgen! Denn was wäre ein Bildhauer ohne bildliches Vorstellungsvermögen? Er könnte lediglich formulieren, wie er den Stein behauen möchte, aber nicht, was dabei herauskäme. Gleiches gilt für einen Schriftsteller: Er könnte zwar Satz für Satz ein Buch schreiben, die anschaulichen Details einer Landschaft oder die Facetten menschlicher Emotionen würden jedoch gänzlich fehlen.

Versuchen Sie möglichst oft, sich abstrakte Wörter bildhaft und mit allen Sinnen vorzustellen.

Hand aufs Herz: Wie viele auswendig gelernte Gedichte aus Ihrer Schulzeit können Sie noch aufsagen? Und wie sieht es im Vergleich dazu mit Kinderliedern aus? Allein die

Melodie hat Ihre rechte Gehirnhälfte aktiviert und verhilft Ihnen dazu, dass Sie sie auch noch nach Jahrzehnten aus dem Stegreif singen können.

Lernen Sie mal wieder ein Gedicht auswendig. Singen Sie öfter ein Lied.

Sie glauben nicht, dass auch bei Ihnen eine Vereinseitigung zur linken Gehirnhälfte besteht? Dann testen Sie sich selbst und spielen Sie einmal gegen ein Kind Memory! Sie werden feststellen, dass Sie kaum eine Siegchance haben. Aber keine Sorge: Das Gehirn – das fruchtbare Zusammenspiel beider Gehirnhälften – ist trainierbar, und zwar in jedem Alter.

Spielen Sie mal wieder Memory. Lösen Sie täglich Sudokus, Ken Kens oder ähnliche Rätsel.

Stellen Sie sich Ihr Gehirn als Muskel vor: Je öfter Sie es trainieren, desto leistungsfähiger wird es. Dabei verfügt Ihr Gedächtnis sogar über einen entscheidenden Vorteil. Es kann nicht übersäuern und ist quasi unbegrenzt leistungsfähig.

Sie können Ihr Gehirn auch mit einer unberührten Schneefläche vergleichen. Wenn Sie diese zum ersten Mal betreten, werden Sie den Weg durch den Tiefschnee als mühselig empfinden. Beim zweiten Gang durch dieselbe Winterlandschaft wird es schon einfacher: Sie können bereits erste Spuren nutzen, die Ihnen das Vorankommen erleichtern. Haben Sie den Weg schließlich mehrfach benutzt, ist er so ausgetreten, dass Sie die Schneefläche sogar rennend überqueren können.

## Übung: „Wege im Gehirn" bilden

*Trainieren Sie Ihr Gehirn bei jeder Autobahnfahrt. Lernen Sie zum Beispiel Autonummernschilder auswendig.*

Also: Benutzen Sie Ihr Gehirn. Der „Gebrauch" wird von Mal zu Mal leichter; Ihre Merkfähigkeit steigt.

### Auf den Punkt gebracht

- Die Mnemotechnik ist eine jahrtausendealte Methode, sich Informationen zu merken. Dies geschieht mithilfe verknüpft werden. Kennt mit verbundenen Infor-Erinnerung.

die rationale Hälfte. In Mathematik verarbei-

fantasievolle Hälfte. Sie Gefühle und die Gedan-

## Die vier Regeln der Assoziation

Eine sinnliche Verknüpfung, die sein kann und hilft, auch Namen zu verinnerlichen.

Wenn Sie die nachfolgenden vier Regeln der Assoziation berücksichtigen und auf die Kreation Ihrer gedanklichen Bilder anwenden, können Sie (fast) nichts mehr vergessen.

Aber keine Angst: Um solche Verbindungen herzustellen, müssen Sie sich nichts Neues ausdenken. Sie haben alle Assoziationen bereits in Ihrem Gedächtnis gespeichert – Sie müssen sich diese Bilder nur bewusst machen. Dazu ein Beispiel: Sie begegnen im Urlaub einem Tier, das Sie noch nie zuvor gesehen haben. In dieser Situation stellen Sie ganz automatisch eine Gedankenverbindung zu anderen, Ihnen bereits bekannten Lebewesen her. Auf diese Weise können Sie sofort einschätzen, ob es sich zum Beispiel um einen Vogel oder eher um eine Affenart handelt.

Bei Assoziationen unterscheidet man zwischen vier verschiedenen Gedankenverbindungen:

1. Eigene Erlebnisse: Ereignisse, an denen Sie gefühlsmäßig sehr stark beteiligt waren, fallen Ihnen immer wieder ein. An einen gewonnenen Pokal, an eine schöne Hochzeitsfeier, aber auch an einen Trauerfall oder einen Unfall denken Sie häufiger als an ein alltägliches Abendessen in der vergangenen Woche. Sobald Sie eine Situation selbst erlebt haben und emotional davon betroffen waren, bleibt diese stärker in Ihrer Erinnerung als andere Vorkommnisse.

> Setzen Sie einen zu lernenden Aspekt in Zusammenhang mit einem persönlichen Erlebnis.

2. Reale Gegenstände: Begriffe, die Sie mit eigenen Augen sehen, können Sie sich eher vorstellen als abstrakte Termini.

### Eis – eisig

*Das Wort „eisig" ist nicht sichtbar und gerät daher schnell in Vergessenheit. Wenn Sie das Adjektiv hingegen mit dem Begriff „Eis" in Verbindung bringen, schaffen Sie eine gedankliche Brücke – und Ihnen fallen auch andere Assoziationen aus Ihrer Erinnerung ein: kalt, weiß usw.*

3. Ungewöhnliche Dinge: Je ungewöhnlicher ein Gegenstand ist, desto eher bleibt er Ihnen im Gedächtnis. Tomaten im Garten sind nichts Besonderes. Wenn das Gemüse aber plötzlich gestreift wäre und über ein Kilo gewogen hätte, könnten Sie sich bestimmt jederzeit an die Fundstelle oder das Erntejahr erinnern.

> Besonders ungewöhnliche Erlebnisse, Situationen und Objekte erzeugen eine sehr starke gedankliche Verbindung und bleiben lange Zeit im Gedächtnis präsent.

4. Wiederkehrende Muster: Wenn Sie die Ziffern 2, 4, 6 und 8 sehen, wissen Sie sofort, dass die 10 folgen wird. Dieses System funktioniert aber nicht nur bei Zahlen. Bei vielen Ereignissen ist es möglich, sie in eine bestimmte Reihenfolge, in ein bestimmtes Muster zu bringen. So können Sie sich die einzelnen Vorgänge bzw. Details viel leichter merken als ohne Muster. Greifbar wird diese Technik zum Beispiel an den Monaten eines Jahres. Würden die Begriffe „April", „August", „Januar", „No-

# Zahlen werden zu Bildern

## Unbekanntes mit Bekanntem verbinden

Zehn Begriffe, die Sie nur schnell überflogen haben, korrekt wiederzugeben, ist gar nicht so einfach? Das stimmt. Doch schon mit etwas Übung werden Sie am Ende dieses Kapitels mit Sicherheit anderer Meinung sein. Dann werden Sie überzeugt feststellen: Nur zehn Begriffe sind mir zu wenig!

### Übung: Merken Sie sich zehn Begriffe!

*Versuchen Sie, nach nur einmaligem (!) Lesen die folgenden Begriffe in der richtigen Reihenfolge wiederzugeben. Doch Vorsicht: Warten Sie zwischen der Lektüre und dem Rekapitulieren der Wörter einige Momente. Anderenfalls würden Sie das Ergebnis verfälschen. Denn auch im Alltag ist es nicht möglich, Namen, Zahlen oder Listen sofort zu wiederholen.*

- *Reifen – Kerze – Schere – Pyramide – Kleeblatt – Hand – Gitarre – Zwerg – Achterbahn – Kegel*

Vielleicht überlegen Sie jetzt, in welchen Alltagssituationen Ihnen diese Übung helfen kann. Ein ganz einfaches Beispiel: Ein Kollege oder ein Bekannter gibt Ihnen seine Handynummer. Diese besteht aus sieben Ziffern plus Vorwahl. Kein Problem! Sie müssen nur schnell zum Schreibtisch, um sich die Nummer zu notieren. Doch was passiert, wenn Sie auf dem Weg dorthin abgelenkt werden? Schon fällt das Kartenhaus der Ziffernfolge in sich zusammen. Ihr Kopf fühlt sich leer an – die Nummer haben Sie vergessen.

Aber zurück zur Übung: An wie viele der oben stehenden Begriffe erinnern Sie sich noch? Wahrscheinlich fallen Ihnen noch fünf bis sechs Wörter ein. Optimal wären aber alle zehn. Um dieses Ziel zu erreichen, müssen Sie die noch unbekannten Begriffe mit etwas Bekanntem assoziieren. Verbinden Sie dazu die zehn Übungswörter mit den Ziffern null bis neun und lernen Sie diese Kombination auswendig – bis Sie diese „im Schlaf" können.

Noch sind die Zahlen allerdings abstrakt. Ihre Aufgabe besteht also darin, ihnen diese Abstraktheit zu nehmen und sie in feststehende Bilder umzuwandeln. Damit gehen Sie den ersten entscheidenden Schritt in Richtung Gedächtniskunst.

> Bringen Sie abstrakte Zahlen mit Bildern in Verbindung – und lassen Sie sie auf diese Weise anschaulich und greifbar werden.

## Feststehende Bilder

Feststehend bedeutet, dass immer dasselbe Bild die entsprechende Zahl repräsentiert. Somit sind diese Bilder das Bekannte, was anschließend mit den unbekannten Informationen verknüpft wird.

Als Anleitung gebe ich Ihnen im Folgenden meine Bilder vor, die Sie selbstverständlich gern übernehmen dürfen. Für die Zukunft empfehle ich Ihnen allerdings, möglichst eigene Assoziationen zu kreieren. Denn persönliche Bilder sind ja bekanntlich die stärksten.

**!** Vorsicht: Haben Sie sich bestimmte Bilder einmal fest in Ihr Gedächtnis eingeprägt, sollten Sie diese nicht mehr ändern. Ansonsten würden Sie an der Basis Ihrer Assoziationen – dem Bekannten – rütteln und diese in Gefahr bringen.

## Die Bilder von 0 bis 9

Meine Bilder habe ich so gewählt, dass der Zusammenhang zur Zahl logisch nachvollziehbar ist. Zudem lassen sich die Assoziationen in vielen Varianten einsetzen: Sie können sich bewegen, ihre Größe verändern, aktiv werden und sich verwandeln.

### *0 = Reifen*

- Eine Null ähnelt in ihrer Form einem Reifen.
- Ein Reifen kann rollen und hüpfen. Er ist manchmal platt, ein anderes Mal so gut aufgepumpt, dass er platzt. Mit Reifen lassen sich ganze Klettergerüste bauen. Im Alltag findet man sie zum Beispiel im Affenkäfig …
- Es gibt verschiedene Arten von Reifen, zum Beispiel Auto-, Fahrrad-, Traktor- oder Armreifen.

### *1 = Kerze*

- Die Ziffer Eins ist gerade wie eine Kerze.
- Eine Kerze besteht aus Wachs, das u. a. schmelzen, herunterbrennen, leuchten oder sich aufwärmen kann.

- Situationen im Kerzenschein eröffnen ganz andere, neue Assoziationen und Bilder.

## 2 = Schere

- Eine Schere besteht aus zwei Schneiden.
- Mit einer Schere lässt sich etwas zerteilen, ritzen, stechen usw.
- Der Film „Edward mit den Scherenhänden" mit Johnny Depp zeigt, was Fantasie ist.

## 3 = Pyramide

- Eine Pyramide hat – außer auf ihrer Grundfläche – an allen Seiten drei Ecken.
- In einer Pyramide können Sie Abenteuer erleben. Sie können sie fotografieren, auf ihr herumlaufen oder von ihr herunterrutschen bzw. -fallen.

## 4 = Kleeblatt

- Vierblättrige Kleeblätter bringen Glück.
- Assoziieren Sie einen Begriff mit der Zahl 4 und spüren Sie das Glücksgefühl, wenn Sie Ihre zu merkende Information in einen Blumenstrauß oder eine Wiese voller Kleeblätter verwandeln.

## 5 = Hand

- Fünf Finger hat eine Hand.

- Nutzen Sie Ihre Hand zum Greifen, Boxen, Festhalten, Streicheln oder zum Schnippen mit den Fingern.

## 6 = Gitarre

- Eine Gitarre hat sechs Saiten.

- Mit ihr können Sie mehr als nur musizieren. Sie lässt sich zum Beispiel zerschmettern oder als Gehhilfe benutzen.

- Die Gitarre ist das einzige Musikinstrument, das ich mit einer Zahl verbinde, sodass sich hier zahlreiche weitere Variationen und Assoziationen anbieten.

## 7 = Zwerg

- Schneewittchen und die sieben Zwerge.

- Verkleinern Sie den Begriff, den Sie sich merken möchten, oder transformieren Sie ihn in eine Märchenwelt.

- Eine weitere mögliche Assoziation: Stellen Sie sich einen sehr kleinen Menschen aus Ihrem persönlichen Umfeld vor.

## 8 = Achterbahn

- Die Assoziation liegt im Wort selbst (8erbahn).

- Bringen Sie Geschwindigkeit in Ihre Information; spüren Sie den Fahrtwind oder lassen Sie die Achterbahn abstürzen.

- Die Achterbahn eignet sich als Synonym für alle Rummelplatz-Fahrgeschäfte. Nach etwas Übung funktioniert dieses Bild sogar mit Zuckerwatte und dergleichen.

## 9 = Kegel

- Beim Kegeln versuchen Sie, „alle neune" abzuräumen.
- Kegeln Sie, jonglieren Sie mit den Keulen, schlagen Sie mit ihnen zu. Der Fantasie sind keine Grenzen gesetzt.
- Mit dem Kegeln können Sie auch andere Freizeitaktivitäten in Verbindung bringen.

> Sie müssen keine statischen Assoziationen verwenden. Bringen Sie Leben in Ihre Bilder und eröffnen Sie sich so ganz neue Möglichkeiten, sie mit anderen Begriffen zu verbinden.

Bei den Erklärungen zu den Zahlen und den damit assoziierten Begriffen haben Sie schon bemerkt, dass Sie sich gedanklich durchaus von den Grundbildern entfernen dürfen. So kann aus einer Pyramide zum Beispiel auch ein Urlaubsort werden (Ferien in Ägypten). Wie weit Sie von der ursprünglichen Bedeutung abweichen, entscheiden Sie selbst. Wichtig ist lediglich, auf welche Ziffer Sie sich beziehen.

Wiederholen Sie nun die zehn Wörter aus der Übung und gehen Sie dabei in Gedanken die Ziffern 0 bis 9 durch. Sie werden merken: Ihr Gehirn liefert Ihnen die notwendigen Verbindungen zu den gesuchten Wörtern. Das Ergebnis:

Sie haben aus einer unbekannten Wortfolge etwas Bekanntes kreiert, an das Sie sich lückenlos erinnern.

### Übung: die Bilder von 0 bis 9

*Versuchen Sie, sich die Bilder zu den Ziffern 0 bis 9 einzu-
prägen. Wiederholen Sie dazu erst einmal die ersten drei
Ziffern und verknüpfen Sie diese mit den dazugehörigen
Assoziationen. Stellen Sie sich die Verknüpfungen mit viel
Fantasie und mit möglichst vielen Sinnen vor. Erst wenn Sie
diese Zahlen in- und auswendig können, gehen Sie zu den
nächsten drei Begriffen über.*

*Üben Sie die einzelnen Bilder so lange, bis Sie aus dem
Stegreif heraus sagen können, dass die Drei eine Pyramide
ist, die Sieben ein Zwerg usw.*

Wenn Sie die Bilder zu den Ziffern 0 bis 9 anschließend als
bekannte Reihenfolge voraussetzen, können Sie unbekannte Informationen an diese Begriffe knüpfen (zum Beispiel
die Nachbarstaaten der Bundesrepublik Deutschland oder
Ihre persönlichen Stichpunkte für eine freie Rede oder
Ansprache). Sie werden feststellen, dass Sie sich neues
Wissen auf diese Weise deutlich schneller und leichter
merken können als bisher.

Doch die meisten Informationen hören nicht einfach beim
zehnten Begriff auf. Es muss (und darf) daher keinesfalls
bei den einstelligen Zahlen bleiben. Im Gegenteil!

Versuchen Sie, sich nach und nach eine Liste von insgesamt 100 Bildern einzuprägen.

Sich eine Vier als Kleeblatt oder eine Fünf als Hand zu merken, ist einfach. Welches Bild aber haben Sie für die 63 oder die 98? Auch hierfür lassen sich Bilder nachvollziehbar herleiten und gut einprägen. Eine Herleitung, die sich nicht – wie die Bilder für die Zahlen 0 bis 9 – auf die Optik, sondern auf das Major-System beziehen. Dem Major-System widmen wir uns einem späteren Kapitel.

Sie können gerne all meine Bildvorschläge übernehmen. Noch Erfolg versprechender sind allerdings eigene Assoziationen.

---

**Auf den Punkt gebracht**

- Die Assoziationen zwischen den Zahlen und den dazugehörigen Bildern entstehen durch eine markante Herleitung zum Bild. Zum Beispiel: Eine Hand hat fünf Finger. Diese Assoziation ist so eindeutig, dass Sie sie niemals mit der Zahl Vier verwechseln würden.

- Kreieren Sie eigene Bilder. So wirkt die gedankliche Verbindung noch stärker. Achten Sie aber darauf, dass die Herleitung zur Zahl eindeutig nachvollziehbar ist. So sollte eine Achterbahn nie eine andere Zahl als die Acht repräsentieren.

- Die Bilder für die Zahlen 0 bis 9 bilden einen Teil der Basis für die gesamte Gedächtniskunst.

- Um die komplette Basis der Gedächtniskunst zu erlangen, müssen Sie insgesamt 100 Bilder lernen.

- Für die Bilder für die Zahlen 00 bis 99 ändert sich die Methode, wie die einzelnen Bilder hergeleitet werden.

# Namen und Fremdwörter: die Ersatzwortmethode

Vokabeln lernt man anders als Telefonnummern – daher gibt es in der Gedächtniskunst auch verschiedene Methoden und Ansätze, die Sie individuell auswählen und kombinieren können.

> Die Kombination verschiedener Gedächtnistechniken eignet sich besonders, um umfassende Wissensnetze aufzubauen.

Bei der Auswahl von geeigneten Methoden kommt es vor allem auf die Aufbereitung des zu lernenden Stoffes an. Hier sollten Sie bereits automatisch erkennen, welche Technik Sie am schnellsten und sicherten zum größtmöglichen Lernerfolg führt.

Zu den wichtigsten, aber leider auch kompliziertesten Methoden zählt die Ersatzwortmethode, mit der ich Sie im Folgenden vertraut machen werde. Weshalb wir ausgerechnet mit der schwierigsten Technik beginnen, hat zwei Gründe:

1. Zum einen nutzt die Gedächtniskunst diesen Ansatz, um ihn mit zahlreichen weiteren Methoden zu kombinieren.

2. Zum anderen ist der Lerneffekt größer, wenn wir diese Technik gleich zu Beginn Ihres Merk-Trainings üben. Auf diese Weise werden Sie sie bei der weiteren Lektüre immer besser verinnerlichen, sodass sie Ihnen am Ende gar nicht mehr so kompliziert erscheint.

Bei allen (Fremd-)Wörtern, Vokabeln und Namen, die Ihnen nicht geläufig sind, handelt es sich um etwas Unbekanntes. Um sich den entsprechenden Begriff zu erschließen, müssen Sie in ihm zunächst ein bereits bekanntes Wort entdecken, das an den zu lernenden Ausdruck erinnert und somit eine Assoziation darstellt.

### Survival – Überleben

- *Das englische Wort für „Überleben" lautet „survival".*
- *Der Wortanfang von „survival" erinnert an das eingedeutschte Wort „surfen".*
- *Stellen Sie sich vor, Sie surfen in der Brandung. Plötzlich kommt ein Unwetter auf. Sie rutschen vom Brett und kämpfen ums Überleben. Krampfhaft halten Sie sich fest und versuchen, in Richtung Ufer zu paddeln. Die nackte Überlebensangst sitzt Ihnen im Nacken.*
- *Wenn Sie künftig das Wort „survival" hören, denken Sie an Ihre Überlebensangst. Hören Sie dagegen „Überleben", erinnern Sie sich daran, dass Sie beim Surfen ums Überleben gekämpft haben.*

Sie sehen: Die Verbindung zwischen bekanntem Wortanfang und englischer Vokabel reicht bereits aus, um später immer wieder die richtigen Verbindungen zu finden.

Wie alle Methoden der Mnemotechnik wirkt auch die Ersatzwortmethode gedächtnisunterstützend. Sie benötigen lediglich einen kleinen Aufhänger, um das Wesentliche zu erfassen und langfristig zu verinnerlichen.

Auch wenn Ihnen die Ersatzwortmethode anfangs etwas umständlich erscheint, werden Sie schon bald merken, dass

- Sie diese Technik sehr schnell automatisieren,

- sich den Lernstoff garantiert deutlich besser (und länger) merken, als wenn Sie ihn sich mit „herkömmlichen" Mittel aneignen würden, und

- vor allem Vokabeln sofort von der Fremdsprache ins Deutsche und wieder zurück übersetzen können. Einseitige Lerneffekte entfallen damit ab sofort vollständig.

> Die Ersatzwortmethode eignet sich nicht nur für Vokabeln, sondern lässt sich auf jedes „andersartig" klingende Wort anwenden. Hierzu zählen auch Vor- und Nachnamen sowie Fremdwörter.

Schon – oder gerade – Kinder haben ausreichend Fantasie, um sich bei entsprechender Motivation die kompliziertesten Fremdwörter anzueignen. Mein Sohn konnte in Windeseile alle Pokémons sowie insgesamt 93 Dinosaurierarten namentlich benennen. Wahrscheinlich nutzte er dafür – zumindest unbewusst – die Ersatzwortmethode.

Zur Veranschaulichung dieser Gedächtnistechnik gebe ich Ihnen daher im Folgenden zwei Beispiele aus dem Fremdwörterrepertoire meiner Kinder an die Hand.

### Stegosaurus und Pachycephalosaurus

*Auch wenn es auf den ersten Blick nicht so erscheint: Der Stegosaurus – auch „Dachechse" genannt – gehört durchaus zu den von der Namensgebung her einfacheren Dino-*

*saurierarten. Verbinden Sie das Erlernen dieses Namens zum Beispiel mit einem Museumsbesuch, zumindest virtuell: Hier sind die Urzeitlebewesen häufig als Skelette ausgestellt. Da ein solches aber sehr teuer ist, behelfen sich manche Museen mit den Teilen eines BootsSTEGes, die sie mithilfe von DACHlatten zusammennageln. Und schon ist der „STEGosaurus" geboren! Sogar die Verbindung zum deutschen Namen „DACHechse" ist gegeben.*

*Schwieriger wird es allerdings beim Fachterminus für die Dickkopfechse „Pachycephalosaurus". Aber auch hier sind Assoziationen möglich – ich verrate Ihnen meine gedankliche Verbindung: Mein Sohn ist ein richtiger Dickkopf. Immer, wenn er seinen Willen nicht durchsetzen kann, „patscht" es mit seinen Händen gegen Wände, Tische und andere Gegenstände. Das Geräusch „patschi – patschi" werde ich daher mein Leben lang nicht vergessen. Weil mein Sohn aber meist auch schmutzige Hände hat, muss ich ihn zudem permanent mit einem Stück „Zewa" verfolgen … Aus dieser kurzen Anekdote lässt sich bereits der neue Begriff, die Dickkopfechse ableiten: Patschi-Zewa = Pachycephalo.*

Auch wenn Ihnen vielleicht das letzte Beispiel etwas weit hergeholt erscheint: Vertrauen Sie Ihrem Gehirn! Schon ein kleiner Impuls reicht aus, um Ihre Erinnerung an solch ein kompliziertes Wort zu wecken.

## Übung: Ersatzwörter kreieren

*Suchen Sie sich täglich aus der Tageszeitung oder aus einem Buch drei unbekannte Wörter heraus. Schlagen Sie ihre Bedeutung nach und merken Sie sich die Begriffe mithilfe der Ersatzwortmethode.*

Für die Ersatzwortmethode brauchen Sie in erster Linie Fantasie. Mit etwas Übung trainieren Sie so nicht nur Ihre Merkfähigkeit, sondern schulen auch Ihre Kreativität.

## Auf den Punkt gebracht

- Die Ersatzwortmethode eignet sich hauptsächlich für Vokabeln, Fremdwörter und Namen.

- Bei der Ersatzwortmethode wird das Bekannte in der Vokabel, im Fremdwort oder im Namen selbst gesucht.

- Die Verknüpfung findet innerhalb des Ersatzwortes statt. Das Bekannte ist das, was Sie im Wort sehen, das Unbekannte ist das Wort an sich. Bei solchen Verbindungen hilft Ihnen Ihre Fantasie, die richtigen Assoziationen herzustellen.

- Bei der Ersatzwortmethode spielen die Basisbilder keine Rolle. Diese werden erst eingesetzt, wenn die Ersatzwörter in eine bestimmte Reihenfolge gebracht werden müssen.

# Namen und Gesichter

Das Einprägen von Namen ist schwierig. Mehr noch: Selbst mit allen Gedächtnistechniken ist das Merken von Namen eine große Herausforderung. Eine Herausforderung, die Sie meistern werden, wenn Sie alle Tipps und Tricks aus diesem Buch, insbesondere aus diesem Kapitel, berücksichtigen.

Warum ist das Merken von Namen so schwierig?

Wenn wir „nur einer" Person vorgestellt werden, müssen in unserem Kopf vier Prozesse gleichzeitig ablaufen sowie ein weiterer schon gestartet werden. Werden uns gleich mehrere Personen vorgestellt, wird es noch schwieriger. Hinzu kommt, dass wir bei vielen Vorstellungsrunden unter Zeitdruck stehen. Auch ist der Name etwas sehr Persönliches. Da möchten wir keine Fehler begehen.

## Was beim Vorstellen in unserem Gehirn passiert

1. Namen verstehen

2. Namen verbildlichen

3. die Person wahrnehmen

4. Bild und Person verknüpfen

All dies muss in einem Moment passieren. Für den fünften Prozess haben wir etwas mehr Zeit, erfolgen muss er aber:

5. Namen langfristig merken

Vier Prozesse in einem Augenblick. Da haben wir nur eine Chance, wenn wir bei der Vorstellung möglichst viel Zeit gewinnen. Leider sieht die Realität anders aus.

# Der Ablauf einer Vorstellung

Kennen Sie die Situation? Sie kommen in einen Raum mit mehreren Menschen. Ein Herr steht auf und stellt Ihnen die Anwesenden in atemberaubendem Tempo vor. Höflich nicken Sie jedem Einzelnen zu. Vielleicht wissen Sie schon, dass Ihnen diese Menschen nie wieder begegnen werden. Wozu also aufmerksam zuhören? Es ist doch sowieso mehr ein Höflichkeitsritual als eine richtige Vorstellungsrunde.

Das mag in vielen Situationen durchaus stimmen. Aber behaupten Sie hinterher bitte nicht, Sie könnten sich keine Namen merken. Das ist in vielen Fällen nämlich schlichtweg unwahr! Sie können nur solche Begriffe, Bezeichnungen und Namen vergessen, die Sie zuvor einmal gelernt haben. In einer Vorstellungsrunde wie oben beschrieben haben Sie einfach keine Chance, sich die Namen einzuprägen.

Schauen wir uns eine Vorstellung Schritt für Schritt an, und Sie werden sehen, das letztendlich auch das Merken von Namen nur ein fantasievolles Spiel ist. Ein Spiel, auf das Ihr Gehirn gerne eingeht und das es meist gewinnt.

## 1. Den Namen verstehen

Hören Sie gut zu: Nur wenn Sie während der Vorstellung aufmerksam sind, können Sie sich den Namen Ihres Gegenübers auch merken. Gewöhnen Sie sich daher an, den genannten Namen zu wiederholen. Das hat gleich mehrere Vorteile:

- Wir leben in einer Berieselungsgesellschaft. Quasi ohne Unterbrechung strömen Informationen, Ablenkung durch Lärm usw. auf uns ein. Gleichzeitig ist unser Gehirn immer darauf aus, Energie einzusparen. Es schaltet ab. Wenn wir aber einen Namen hören und diesen sofort wiederholen, weiß unser Gehirn um die Wichtigkeit dieser Information und ist aufmerksam.

• Die Reaktion unseres Gegenübers auf die Wiederholung zeigt, ob wir den Namen korrekt verstanden haben. Ist dies nicht der Fall, erhalten wir eine Korrektur und unser Gehirn eine weitere Wiederholung.

Achten Sie darauf, den Namen nicht zu oft zu wiederholen. Bei schwierigen Namen hilft dies zwar, aber es spricht nichts dagegen, die dritte und vierte Wiederholung nur in Gedanken zu vollziehen.

Gleiches gilt auch, wenn Sie sich selbst vorstellen: Achten Sie darauf, dass die Anwesenden Ihnen ein offenes Ohr schenken.

### Jens der Denker

*Wenn ich anderen meinen Namen nenne, wende ich einen kleinen Trick an und sage: „Ich bin Jens der Denker. Der Denker nenne ich mich, weil …" Oder bürgerlich: „Mein Name ist Seiler – wie der Strick."*

*Auf diese Weise hören mir die Anwesenden aufmerksam zu und werden zu einem ähnlichen Wortspiel animiert. So kann auch ich mir den Namen meines Gegenübers besser merken.*

## 2. Namen verbildlichen

Unser Gehirn lernt am leichtesten, wenn die Informationen bildlich darstellbar sind oder wenn wir die neue Information mit Emotionen verknüpfen können. So schnell wie

möglich müssen wir in der Lage sein, den Namen des Gegenübers als Bild zu sehen.

Zwar ist dies der schwierigste Teil beim Namenmerken –
uns hilft aber die Tatsache, dass wir Namen in Kategorien
einteilen können. Bis zum Mittelalter gab es nämlich nur
Vornamen. Als dann die Landflucht einsetzte und die Bür-
ger in den Städten plötzlich mit mehreren Menschen namens Paul, Maria oder dergleichen zu tun hatten, sprachen
sie vom »Paul, der bei den Wölfen lebt« oder von der »Maria aus dem neuen Teil der Stadt«.

So können wir heute noch Nachnamen in vier Kategorien
einteilen.

## Nachnamen

Nachnamen können Sie sich am leichtesten merken, indem
Sie sie in folgende Kategorien unterteilen:

- **Berühmte Namen:** Peter Messner wird zunächst zum
  Bergsteiger Reinhold Messner. Anschließend fragen Sie
  sich zum Beispiel: „Wie kann man in einem solchen An-
  zug Berge besteigen?" Oder Sie stellen fest: „Der Voll-
  bart von Peter Messner erinnert mich an die auf den
  Kopf gestellte Eiger-Nordwand."

- **Berufe und Titel:** „Sollte Herr Metzger zu diesem Smo-
  king nicht besser eine Schürze tragen? Es wäre doch
  schade, wenn er beim Tranchieren des Truthahns Blut-
  flecken auf das Jackett bekäme …"

- **Ortsnamen:** „Die Brille von Herrn Paris ist garantiert ein
  Teil des Eiffelturms." Und um mit Herrn Frankfurter an-

zustoßen, greifen Sie zu einem Glas Wein – selbstverständlich einem Römer.

• **Gegenstände und Tiere:** Hier gibt Ihnen der Name bereits ein vollständiges Bild vor. So könnten Sie zum Beispiel die Glocken im Haus läuten hören, wenn Ihnen Frau Leutheuser vorgestellt wird. Insbesondere bei Namen, die eine Assoziation mit Gegenständen oder Tieren nahelegen, sollten Sie immer sehr starke Bilder kreieren. Denn es wäre äußerst peinlich, Herrn Vogel mit „Herr Möwe" anzusprechen.

• **Ersatznamen:** Wenn sich aus einem Namen nicht sofort ein Bild ergibt, dann kreieren Sie am besten selbst eines. Verwandeln Sie den abstrakten Namen in Wörter, die sich bildhaft darstellen lassen. Dem Gehirn reicht dieser Ansatz aus, um letztendlich den richtigen Namen zu speichern.

## Ersatznamen finden

*Häufig hilft es, einen abstrakten Namen in mehrere Einzelteile zu zerlegen und die verschiedenen Begriffe zu einer Geschichte zu kombinieren – ganz ähnlich wie bereits bei den Bezeichnungen für die Dinosaurierarten „Stegosaurus" und „Pachycephalosaurus" im vorherigen Kapitel gezeigt. Ein Beispiel zur Veranschaulichung: Beim Namen „Kuskowski" sehe ich mich, wie ich für einen Kuss (Kus) meinen Kopf (kow) Richtung Ski (ski) beuge.*

Wenn Sie diese Tipps konsequent beherzigen und anwenden, werden Sie sich die Namen und Gesichter Ihrer Gesprächspartner binnen kürzester Zeit merken können.

*Übung: Namen einprägen*

*Wenden Sie die Regeln der Vorstellung an, sobald Ihnen ein neuer Name begegnet – zum Beispiel in der Tageszeitung, in einem Buch oder in den Nachrichten. Sie werden sehen, wie schnell sich die Methode automatisiert.*

## Vornamen

„Ich bin Jens der Denker." Diese Vorstellung animiert mein Gegenüber in der Regel dazu, mir ebenfalls seinen Vornamen zu verraten. Daraufhin überlege ich, ob ich bereits eine Person kenne, die genauso heißt. Ist das der Fall, spreche ich in Gedanken mit eben dieser mir bekannten Person und überlege, ob sie ihren Kleidungsstil gewechselt hat, weshalb sie plötzlich eine Brille trägt usw. Beim anschließenden Gespräch bekomme ich dann weitere Informationen geliefert, die es mir erleichtern, mir mein Gegenüber für immer einzuprägen.

*Übung: Vornamen vergleichen*

*Sobald Sie einen Vornamen hören, überlegen Sie, ob jemand in Ihrem Bekanntenkreis oder eine Person aus der Öffentlichkeit genauso heißt und welche Merkmale die beiden Menschen voneinander unterscheiden.*

### 3. Die Person wahrnehmen

Wir haben den Namen richtig verstanden und diesen verbildlicht. Im Alltag müssen Sie sich jedoch nicht nur den Namen einer Person merken, sondern diesen auch mit der richtigen Person in Verbindung bringen. Auch hier hilft

Ihnen die Gedächtniskunst: Wie Sie bereits wissen, funktioniert diese durch die Kreation von Bildern. Bei einer Person brauchen Sie sich aber gar nicht die Arbeit zu machen, ein neues Bild zu entwickeln, denn Ihr Gegenüber ist bereits ein vollständiges Bild. Sie müssen lediglich erkennen, worin sich das Aussehen dieser Person von anderen unterscheidet.

Beobachten Sie Ihr Gegenüber genau, aber unauffällig. Achten Sie auf seine Figur – groß, klein, dick, dünn, fehlt ein Arm? Schauen Sie ihm ins Gesicht: Narben, Hakennase, abstehende Ohren, Bart, Brille, Zähne. Ist die Frisur außergewöhnlich? Ist Ihr Gegenüber auffällig gekleidet? Trägt sie oder er markanten Schmuck? Auch Dialekte, Aussprachefehler oder Tics können als Ankerpunkte dienen.

> **!** Versuchen Sie, möglichst zwei oder gar mehrere Ankerpunkte zu finden. Das hilft Ihnen beim Transfer des Namens in Ihr Langzeitgedächtnis.

Ja, auch eine farbige Bluse kann ein Ankerpunkt sein. Es handelt sich beim Einprägen des Namens um eine Momentaufnahme. Wir brauchen nicht auf Auffälligkeiten zu verzichten, von denen wir wissen, dass sie am nächsten Tag nicht mehr vorhanden sind.

### *Übung: Personen wahrnehmen*

*Wann immer Sie eine Person sehen – auf einem Bild oder live vor sich –, suchen Sie nach markanten Merkmalen. So bekommen Sie sehr schnell einen Blick für das Wesentliche. Aber Vorsicht! Starren Sie niemanden minutenlang an.*

## 4. Bild und Person verknüpfen

Der Name Ihres Gesprächspartners wurde Ihnen bereits genannt und ist Ihnen bekannt. Jetzt blicken Sie Ihrem Gesprächspartner ins Gesicht und verknüpfen die beiden Informationen miteinander.

Jens der Denker mit einer Denkerstirn wäre zum Beispiel ideal. Oder hat er vielleicht Grübelfalten? Entsprechen seine Haare einer logischen Anordnung? Usw.

> **!** Haben Sie mehrere Ankerpunkte, verknüpfen Sie jeden einzelnen mit dem Bild des Namens. Im ersten Moment spielt das zwar noch keine allzu große Rolle – es hilft Ihnen aber beim Transfer ins Langzeitgedächtnis.

## Zeit gewinnen

Verlängern Sie die Vorstellung: Da es sich bei Vorstellungsrunden häufig nur um Höflichkeitsrituale handelt, werden sie in der Praxis oftmals im Zeitraffer durchgeführt.

Folgen die einzelnen Namen zu schnell aufeinander, können Sie die Vorstellung ruhig unterbrechen und darum bitten, einzelne Namen zu wiederholen. Schließlich müssen Sie eine reale Chance erhalten, sich das Gesagte auch tatsächlich zu merken. Keine Angst: Ihr Gegenüber wird Ihre Reaktion keinesfalls negativ auffassen. Im Gegenteil! Sie zeigt vielmehr, dass Sie dem anderen Interesse und Respekt entgegenbringen. Und sollte derjenige, der die Vorstellung durchführt, mit der Unterbrechung nicht einverstanden sein, weisen Sie ihn darauf hin, wie wichtig es Ihnen ist, die neuen Mitarbeiter und Kunden von Anfang an persönlich ansprechen zu können.

- Interessieren Sie sich für den Namen: Wird Ihnen jemand mit einem ungewöhnlichen Namen vorgestellt, fragen Sie nach der Herkunft des Wortes. Ist der Name arg kompliziert, können Sie sich ihn auch buchstabieren lassen. Das verlängert die Vorstellung und gibt Ihnen einen weiteren Ansatz, sich den Namen einzuprägen.

- Wiederholen Sie den Namen: Sprechen Sie Personen, die Ihnen neu vorgestellt wurden, so oft wie möglich mit ihrem Namen an. Das hinterlässt einen guten Eindruck und hilft Ihnen, sich den Namen schneller zu merken. Im Gegenzug können Sie natürlich auch Ihren eigenen Namen mehrfach erwähnen, sodass Ihr Gegenüber ihn ebenfalls verinnerlicht. Wichtig ist hier aber, dass Sie es auf keinen Fall übertreiben. Brauchen Sie mehr Wiederholungen, weil Sie das Gefühl haben, sich den Namen einhämmern zu müssen, wiederholen Sie ihn in Gedanken.

## 5. Transfer ins Langzeitgedächtnis

Das Bewerkstelligen der ersten vier Punkte ist eine Momentaufnahme. Das hat Vorteile, können so auch Frisuren oder Kleidungsstücke als Ankerpunkt herangezogen werden. Anschließend gilt es, die geschaffene Verknüpfung zu festigen. Dies gelingt, indem wir das Bild nachzeichnen, verfeinern. Jede neue Information über die Person nehmen wir bewusst wahr und festigen somit unser Erinnerungsvermögen. Das kann beispielsweise ein weiteres auffälliges

Kleidungsstück, aber auch eine Information sein, die uns die Person erzählt. Sie merken selbst, wann Sie sicher sind, die Person auch nach Wochen wiederzuerkennen und mit korrektem Namen ansprechen zu können.

Mein Tipp: Sollten Sie trotz allem einige Tage nach der Vorstellungsrunde eine Person erkennen, ohne sich an deren Namen zu erinnern, seien Sie ehrlich. Fragen Sie denjenigen sofort (!) nach seinem Namen. Versuchen Sie nicht, sich durch das Gespräch zu mogeln, in der Hoffnung, sich doch noch an den Namen zu erinnern. Je länger das Gespräch andauert, desto peinlicher wird es, wenn Sie Ihr Gegenüber dann doch noch mit Namen ansprechen müssen.

---

**Auf den Punkt gebracht**

- Wichtigste Regel: Hören Sie gut zu.

- Visualisieren Sie den gehörten Namen.

- Verknüpfen Sie einen „neuen" Vornamen am besten mit dem einer Ihnen bekannten Person.

- Achten Sie beim Blick in das Gesicht Ihres Gegenübers auf Feinheiten: Grübchen, Haartolle, Doppelkinn usw.

- Achten Sie bei Nachnamen auf deren Herkunft. Eventuell können Sie ihn mit Ihnen bekannten Personen vergleichen. Falls dies nicht gelingt, bilden Sie aus dem unbekannten Nachnamen ein Ersatzwort.

- Gewinnen Sie bei der Vorstellung Zeit.

- Entfällt Ihnen ein Name, seien Sie ehrlich und geben Sie dies zu.

# Allgemeinbildung: die Zuordnungsmethode

Auch bei der Zuordnungsmethode geht es um die fantasie-volle Verknüpfung von etwas Bekanntem mit etwas Unbe-kanntem. Im Gegensatz zur Ersatzwortmethode müssen Sie das bereits Vertraute jedoch nicht erst suchen. Stattdes-sen ist Ihnen bereits etwas Bekanntes vorgegeben, zum Beispiel

- die Zahlen 0 bis 99,
- die eigene Wohnung,
- der Weg zur Arbeit oder
- der eigene Körper.

Der Fachjargon spricht hier von „Loci-Routen". Je mehr Loci-Routen Sie einstudieren, desto mehr Möglichkeiten der Zuordnung bieten sich Ihnen.

### Loci-Route

*„Loci" kommt vom lateinischen „Locus" = der Ort. In der Mne-motechnik ist eine Loci-Route ein Ihnen bekannter Weg. Die Zuordnung gilt dabei als die effektivste Methode der Ge-dächtniskunst.*

Um sich etwas Neues einzuprägen, knüpfen Sie die unbe-kannten Informationen an die Wegpunkte Ihrer Loci-Routen. Beim Rekapitulieren des gerade Gemerkten gehen Sie anschließend einfach die bekannte Route ab. Dies ist für Ihr Gehirn Unterstützung genug, um sich die einzelnen Lernbegriffe automatisch wieder in Erinnerung zu rufen.

„Aber mit dieser Vorgehensweise muss ich mir ja deutlich mehr merken als nur die bloßen Informationen", werden Sie jetzt vermutlichen denken. Zu diesem Einwand habe ich zwei starke Gegenargumente:

1. Das Ergebnis zählt. Ohne diese scheinbar umständliche Technik würden Sie sich nur wenige der zu erlernenden Begriffe merken können.

2. Die Technik automatisiert sich. Die Vorgänge spielen sich mit etwas Übung unbewusst ab.

Zur Veranschaulichung der Zuordnungsmethode ordnen wir im Folgenden die Nachbarländer der Bundesrepublik Deutschland den uns mittlerweile bekannten Bildern von null bis neun zu.

## Die Nachbarländer der Bundesrepublik Deutschland

### 0 = Reifen + Ost- und Nordsee

• Die Umweltverschmutzung wird immer größer. Jetzt treiben sogar schon Traktorreifen auf dem Meer.

### 1 = Kerze + Polen

• Polen hört sich an wie der Pol. Es ist eine harte Strafarbeit, mit einer kleinen Kerze die Pole zum Schmelzen zu bringen.

## 2 = Schere + Tschechien

- Hören Sie in Gedanken einen Hubschrauber: „tsche, tsche, tschech". Halt, es ist kein Hubschrauber, da fliegt eine Schere. Die köpft doch glatt Ihr Frühstücksei!

- Schön ist auch die Variante, dass ein Gärtner mit seiner Heckenschere aus Versehen aus der Tschechoslowakei zwei Länder gemacht hatte.

## 3 = Pyramide + Österreich

- Mozartkugeln aus Österreich zu einer Pyramide gestapelt. Hm, lecker!

- Die Pyramiden sehen aus wie Berge. Österreich ist das Land der Berge.

Hier ist jedoch Vorsicht geboten! Wenn Sie sich bei Österreich für die landschaftliche Assoziation entscheiden, müssen Sie bei der Verbindung zur Schweiz oder zu Frankreich auf alle Fälle ein anderes Bild wählen. Schließlich zeichnen sich diese Länder ebenfalls durch hohe Berge aus.

## 4 = Kleeblatt + Schweiz

- SCHWEIne suchen im Klee und finden prompt die tolle Schweizer Schokolade.

- Die Schweiz ist für die Deutschen das Land von Heidi und Peter, von Almwiesen usw. Da passt das Kleeblatt als Wiese hervorragend.

## 5 = Hand + Frankreich

- Winken Sie Ihrem Freund FRANK hinterher. Rufen Sie ganz aufgeregt: „Ich bin REICH!"

- Sehen Sie Napoleon, wie er seine Hand ins Hemd steckt?

- Eine schöne Variante erzählte mir auf der Bühne einmal ein fünfjähriger Junge: „Frankreich ist das Land der Liebe. Ich stelle mir vor, wie ich mit meinen Händen eine schöne Frau streichele."

## 6 = Gitarre + Luxemburg

- Sie sitzen mit einer LUXusgitarre im BURGhof und spielen romantische Lagerfeuermusik. Plötzlich taucht ein LUCHS in der Burg auf. Panik bricht aus.

## 7 = Zwerg + Belgien

- Was sind denn das für eigenartige Gartenzwerge: Immer, wenn jemand das Grundstück betritt, fangen sie an zu BELlen. Das sind ja so richtige BÄLGEr – dort in Belgien!

## 8 = Achterbahn + Niederlande

- So muss sich eine richtige Achterbahnfahrt anfühlen: auf und NIEDER, immer wieder. Mal sehen, wie die LANDung wird.

## 9 = Kegel + Dänemark

- Mit Ihren Freunden gehen Sie um DÄN letztes MARK-stück kegeln.

> Schaffen Sie sich möglichst viele Loci-Routen. So können Sie nahezu grenzenlos zuordnen und sich Wissensnetze im Kopf bilden.

Die Zuordnungsmethode ist immer dann sinnvoll, wenn die Zuordnung bzw. die feste Reihenfolge an sich schon vorhanden ist.

Einige Beispiele, die sich für diese Form der Gedächtniskunst eignen, sind vor allem die Artikel von Gesetzestexten, die Zuordnung der amerikanischen Präsidenten oder die Sieben Weltwunder. Mit diesen geht es auch gleich weiter.

## Die Sieben Weltwunder der Antike

### 1. Weltwunder (Kerze)

Die hängenden Gärten der Semiramis zu Babylon:

- Zuerst lernte ich in einem Seminar (Semiramis), wie man Kerzen herstellt, die nach unten hängen (hängende), aber nicht pappen (Babylon). Mit diesen kreierte ich Tropfen für Tropfen hängende Gärten.

## 2. Weltwunder (Schere)

Der Koloss von Rhodos:

- Mit einer Schere zerteilte ich einen Kloß (Koloss), um an das Rohe (Rhodos) im Inneren zu gelangen.

## 3. Weltwunder (Pyramide)

Das Grab des Königs Mausolos II. zu Halikarnassos:

- Die Pyramide ist ein Grab, in welchem zwei Mäuse (Mausolos II) auftreten wie Harlekins (Halikarnassos).

## 4. Weltwunder (Kleeblatt)

Der Leuchtturm auf der Insel Pharos vor Alexandria:

- Nachdem auch Alexander (Alexandria) die Insel verlassen hatte, weil er dort nicht fahren (Pharos) durfte, wucherten Kleeblätter sogar den Leuchtturm zu.

## 5. Weltwunder (Hand)

Die Pyramiden von Giseh:

- Das einzige antike Weltwunder, das heute noch existiert, könnte heute gar nicht mehr gebaut werden. Wer würde solche Bauwerke noch mit eigenen Händen, ganz ohne Technik errichten können?

### 6. Weltwunder (Gitarre)

Der Tempel der Artemis in Ephesos:

- Ich sitze vor einem Tempel und spiele so viel auf meiner Gitarre, das ich ganz außer Atem (Artemis) komme. Warum auch kann ich so viele Stücke aus dem Effeff (Ephesos)?

### 7. Weltwunder (Zwerg)

Die Zeusstatue des Phidias von Olympia:

- Zeus führt (Phidias) Zwerge zu Olympia. Als Andenken macht er viele Dias (Phidias).

Auch die neun olympischen Musen können wir uns mit der Zuordnung dieser Bilder einprägen:

## Die neun olympischen Musen

### 1. Klio (Kerze)

Muse der Geschichte:

- Ein Tipp aus dem Haushalt: Gerüche aus dem Klo kann man entfernen, indem man ein brennendes Streichholz hineinschmeißt. Manche benötigen allerdings eine Kerze, um solch geschichtsträchtige Gerüche zu entfernen.

## 2. Melpomene (Schere)

Muse der Tragödie:

• Ich habe so viel gegessen, dass ich gar das Mehl, das sich dabei abgesetzt hat, mit einer Schere aus meinem Po entfernen muss. Wenn das keine Tragödie ist.

## 3. Terpsichore (Pyramide)

Muse der Chorlyrik und des Tanzes:

• Während wir eine aus Teepappe (Terp) gebaute Pyramide hochklettern, sieht (si) man unten einen Chor, der tanzt.

## 4. Thalia (Kleeblatt)

Muse der Komödie:

• Rodeln im Winter kann jeder. Richtig komisch wird es, wenn wir auf einer Kleewiese in Richtung Tal rutschen.

## 5. Euterpe (Hand)

Muse der Lyrik und des Flötenspiels:

• Ich sehe meine Hände an Eutern. Doch anstatt zu melken, bewundere ich die lyrische Anordnung so sehr, dass ich die Euter gar als Flöte benutze.

## 6. Erato (Gitarre)

Muse der Liebesdichtung:

- Jedes Liebeslied, das auf einer Gitarre gespielt wird, kann ich locker erraten.

## 7. Urania (Zwerg)

Muse der Astronomie:

- Während ich in den Himmel schaue und den Uranus erblicke, fällt mir auf, wie zwergenklein dieser Planet von hier unten wirkt.

## 8. Polyhymnia (Achterbahn)

Muse der Hymnen:

- Andere kreischen nur, wenn sie Achterbahn fahren. Ich schmettere Hymnen, rauf und runter.

## 9. Kaliope (Kegel)

Muse der epischen Dichtung:

- Epoche für Epoche werden wir Männer kahl da oben.

Finden und nutzen Sie bereits bestehende Zuordnungen. **!**

Es ist durchaus möglich, Zuordnungen ohne eine feste Loci-Route herzustellen. Auch die Bilder sind nicht unbedingt erforderlich. Beides ist beim Vokabellernen der Fall.

Hier ordnen Sie dem deutschen Wort die richtige Übersetzung zu. Das gleiche gilt für die Verknüpfung von Bundesländern und ihren Hauptstädten.

# Die Hauptstädte der Bundesländer

### Baden-Württemberg + Stuttgart

- Aus Stuttgart können Sie zwei Ersatzwörter bilden:
  stottern und Garten.

- Die Baden-Württemberger können ja bekanntlich alles,
  nur kein Hochdeutsch. Kein Wunder – sie leben nach ihrem Motto „Schaffe, schaffe, Häusle baue". Davon sind
  sie so geschafft, dass sie anschließend müde in ihrem
  Garten herumstottern.

### Bayern + München

- Der FC Bayern München sollte hier als Verbindung rei-
  chen.

### Brandenburg + Potsdam

- Es brennt auf der Burg – schnell nehmen Sie einen Pott
  und rennen zum Damm, um Wasser zu holen.

### Hessen + Wiesbaden

- Kein Wunder, dass Hermann Hesse ein so ausgezeichne-
  ter Schriftsteller war. Er aalte sich den ganzen Tag auf
  der Wiese oder nahm ein Bad.

## Mecklenburg-Vorpommern + Schwerin

• Wer den ganzen Tag meckert, weil er erst vor Pommern steht, hat es nun mal schwer.

## Niedersachsen + Hannover

• Hannover zerlegen Sie in zwei Ersatzwörter: hangeln und over (engl. über).

• Warum „Niedersachse"? Hat es zum Sachsen nicht gereicht? Ernsthaft: Immer nur „nieder" zu sein, ist nicht befriedigend. Also hangeln sich die Einwohner over jedes Hindernis.

## Nordrhein-Westfalen + Düsseldorf

• Der Kölner sieht nördlich des Rheins nur „Dussel".

## Rheinland-Pfalz + Mainz

• Ein Vater zu seinem Sohn: „Das ganze Land um den Rhein und sogar noch die Pfalz, mein Sohn, ist heute meins … und wird irgendwann dir gehören."

## Saarland + Saarbrücken

• Die Saar fungiert als Brücke zum befreundeten Nachbarn Frankreich.

## Sachsen + Dresden

- Alle versuchen sich am sächsischen Dialekt. Das Ergebnis sind Sätze wie: „Dregsd du den Sack?"

## Sachsen-Anhalt + Magdeburg

- In Sachsen wachsen die schönen Mädchen auf den Bäumen. In Sachsen-Anhalt fährt höchsten die Magd als Anhalter mit.

## Schleswig-Holstein + Kiel

- Mit dem Kiel meines Schiffes habe ich in Schlesien lauter Steine ausgehöhlt.

## Thüringen + Erfurt

- Diese Tür kann man nur mit viel Ehrfurcht durchschreiten.

Zugegeben: Aus manchen Städten bzw. Bundesländern habe ich sehr abstrakte Ersatzwörter gebildet. Doch vertrauen Sie auch hier wieder Ihrem Gehirn, dem diese Impulse zur richtigen Lösung verhelfen.

### Übung: Zuordnungen herstellen

*Mit dieser Übung können Sie immer und überall trainieren: Ordnen Sie die aktuellen Kinoplakate den richtigen Filmschauspielern zu oder die Bücher auf der aktuellen Bestsellerliste ihren Autoren.*

Anhand dieser Beispiele haben Sie nicht nur gelernt, sich Informationen mithilfe von Loci-Routen in einer feststehenden Reihenfolge einzuprägen. Gleichzeitig haben Sie Ihren Allgemeinbildungsschatz trainiert: Sie haben jetzt alle Nachbarländer Deutschlands, die Sieben Weltwunder, die neun olympischen Musen sowie die Bundesländer und die dazugehörigen Hauptstädte jederzeit parat – ohne jegliche schriftliche Hilfestellung.

## Auf den Punkt gebracht

- Um Zuordnungen herzustellen, müssen Sie sich einer Loci-Route oder eines Bildes bedienen.

- Loci-Routen können zum Beispiel die Zahlen von 0 bis 99 sein, aber auch der Weg durch Ihre Wohnung oder die Fahrt ins Büro.

- Um sich komplexe Zusammenhänge zu erschließen, können Sie auch mehrere (Ersatz-)Wörter miteinander verknüpfen.

# Texte wiedergeben – Reden halten

Bei der Zuordnungsmethode behalten Sie die Reihenfolge des zu Lernenden automatisch bei. Dieses Vorgehen hilft Ihnen auch, Texte und Reden so vorzubereiten, dass Sie sie ohne Spickzettel wiedergeben können.

## *Übung: einen Text wiedergeben*

- *Nehmen Sie einen (Fach-)Text zur Hand und lesen Sie sich diesen vollständig durch, um den Inhalt des Geschriebenen zu erfassen.*
- *Im zweiten Schritt nehmen Sie sich den Text noch einmal Satz für Satz vor. Markieren Sie während dieses Arbeitsschrittes besonders markante Wörter.*
- *Ordnen Sie diese anschließend den Bildern für die Zahlen 0 bis 99 zu.*

Die Fähigkeit, einen Text ohne schriftliche Notizen vortragen zu können, hat entscheidende Vorteile – sowohl für Sie als auch für Ihr Publikum:

- Sie können Ihren Zuhörern permanent in die Augen schauen.

Sollten Sie einmal eine Verknüpfung vergessen, gehen Sie, ohne zu zögern, zum nächsten Bild über. In den meisten Fällen registriert das Publikum diesen gedanklichen Sprung überhaupt nicht.

- Sollten Zwischenfragen auftauchen, für deren Beant-
wortung Sie den folgenden Inhalten vorweggreifen
müssen, meistern Sie diese Herausforderung souverän –
und ohne unschöne Wiederholungen ein und desselben
Themas. Dazu merken Sie sich einfach das Zuordnungs-
bild, bei dem Sie unterbrochen wurden (beispielsweise
die „Hand"), beantworten dann die Zwischenfrage (zum
Beispiel mit Material aus der Zuordnung „Achterbahn")
und kehren anschließend zur ursprünglichen Stelle zurück (der „Hand"). Wenn Sie im weiteren Verlauf Ihres
Vortrags zur „Achterbahn" kommen, überspringen Sie
diesen Punkt, ohne dass es jemandem auffällt.

- Die Gefahr eines Blackouts ist nahezu gebannt. Denn
wenn Sie die Zuordnungsmethode sicher beherrschen
und konsequent anwenden, ist es so gut wie unmög-
lich, dass Sie alle Bilder auf einmal vergessen. Ein oder
zwei können Ihnen zwar durchaus entfallen – Ihr Vortrag gerät dadurch aber nicht in Gefahr.

- Haben Sie Ihre Rede mit der Zuordnungsmethode vorbe-
reitet, gewinnen Sie auch an Sicherheit. Selbst wenn eine Verknüpfung – aus welchen Gründen auch immer –
nicht so gut war, wissen Sie, dass Sie eine – und zwar
wirklich nur eine – Lücke haben. Lediglich eine Lücke
wird im Verhältnis zur gesamten Rede meist nicht mal
wahrgenommen. Sie können also souverän weiterreden.

- Auch passiv funktioniert die Zuordnungsmethode beim
Thema „freie Rede". Hören Sie eine interessante Rede
und haben keine Möglichkeit, sich Notizen zu machen,
nutzen Sie eine Ihrer Routen, um die Rede im Kopf zu
notieren: Immer, wenn Sie ein markantes Stichwort in

der gehörten Rede wahrnehmen, legen Sie diesen Begriff auf Ihrer Route ab. Schon auf dem Heimweg gehen Sie Ihre Route durch und festigen somit das gerade Gehörte.

Im Übrigen lässt sich dies gut nebenbei trainieren. Hören Sie während einer Autofahrt Nachrichten, speichern Sie diese gedanklich ab. Beginnen Sie mit den Schlagzeilen. Haben Sie genug Übung, gehen Sie ins Detail. Ihre tagesaktuelle Allgemeinbildung wird es Ihnen danken.

**Auf den Punkt gebracht**

- Die Zuordnungsmethode hilft Ihnen, frei zu sprechen und Texte strukturiert wiederzugeben.

- Dank den Zuordnungen sind Notizen überflüssig, auch die Gefahr eines völligen Blackouts ist gebannt.

- Durch die Orientierung an Ihrer Loci-Route bringen Sie auch Zwischenfragen nicht mehr aus dem Konzept.

- Mit einer Loci-Route im Kopf können Sie auch gehörte Reden abspeichern, ohne sich Notizen machen zu müssen.

# Checklisten, Einkaufszettel & Co.: die Wohnungsmethode

Bei der Wohnungsmethode handelt es sich ebenfalls um eine Zuordnungstechnik. Statt an den Zahlen von 0 bis 20 orientieren Sie sich dieses Mal jedoch an der Einrichtung Ihres Zuhauses. Die Ihnen vertrauten bzw. bekannten Räume und Gegenstände verknüpfen Sie anschließend mit den Informationen, die Sie sich merken möchten.

> **!** Bei der Wohnungsmethode müssen Sie sich – anders als der Name impliziert – nicht ausschließlich auf Ihre eigenen vier Wände beschränken. Auch die Gliedmaßen Ihres Körpers bilden eine bekannte Reihenfolge. Gleiches gilt für den Weg zur Arbeit.

Um die Wohnungsmethode erfolgreich umzusetzen, müssen Sie festgelegte Punkte erkennen und für Ihre Zuordnungen nutzen: die Reihenfolge der einzelnen Zimmer, der Körperteile von Kopf bis Fuß, der Weg zur Arbeit mit markanten Punkten wie Kiosk, Zebrastreifen, Ampel, Garten usw.

> **!** Die Wohnungsmethode eignet sich insbesondere für Lernmaterial, das Sie relativ schnell wieder vergessen können – zum Beispiel für Einkaufszettel.

Von diesen festgelegen Gedankenstützen sollten Sie allerdings niemals abweichen. Nur so können Sie Ihren Lernstoff korrekt wiedergeben.

*Übung: Einkaufszettel*

*Stellen Sie sich als Erstes die Zimmer Ihrer Wohnung in einer festen Reihenfolge vor, zum Beispiel:*

• *Eingang – Wohnzimmer – Esszimmer – Bad – Küche*

*Einkaufen möchten Sie:*

• *Salat – Toilettenpapier – Spülmittel – CD – Fahrradschlauch*

*Ihre Aufgabe besteht nun darin, die einzelnen Artikel mit der festgelegten Zimmerabfolge zu verbinden – zum Beispiel:*

*Eingang + Salat: Gerade im Winter ist mein Eingangsbereich sehr rutschig. Da mir Fußmatten aber nicht gefallen, lege ich diesen Bereich mit frischen Salatblättern aus.*

*Jetzt sind Sie an der Reihe, die übrigen Verknüpfungen herzustellen …*

## Zehn Gründe für ein gutes Gedächtnis

Es gibt zehn Gründe, sich ein gutes Gedächtnis anzueignen. Im Folgenden nutze ich die Zuordnungs- und die Ersatzwortmethode, um Ihnen diese Argumente näher zu bringen. Gleichzeitig möchte ich Ihnen damit zeigen, wie Sie „trockene" Fakten schnell speichern und in beliebiger Reihenfolge wieder abrufen können.

Die einzige Voraussetzung für das Gelingen ist Ihr eigener Wille: Lassen Sie verrückte Bilder zu – je ungewöhnlicher, desto besser. Ihr Gehirn wird es Ihnen danken und sich an die ausgefallensten Verknüpfungen stets am besten erinnern.

Für die Umsetzung müssen Sie zehn „Wegpunkte" entlang Ihres Körpers festlegen. Diese Stationen sollten sie vorwärts und rückwärts aufsagen können. Das gelingt am besten, wenn Sie sich an eine logische Folge halten – zum Beispiel strikt von unten nach oben.

Nun besteht Ihre Aufgabe nur noch darin, die Bilder, die in Ihrem Kopf entstehen, zuzulassen:

1. **Füße:** Stellen Sie sich vor, an einem Ihrer Füße hängt ein Stapel Bücher, am anderen sind Bilderrahmen befestigt. Jeder Schritt wird für Sie zur Herausforderung, denn die angebundenen Gegenstände klappern und hindern Sie am Fortkommen.

2. **Knie:** Sie entdecken, dass an Ihren Kniegelenken Flügel wachsen. Sie fühlen sich ganz weich an. „Fantastisch", denken Sie, „jetzt kann ich fliegen!"

3. **Oberschenkel:** An Ihren Oberschenkeln entdecken Sie Geschenkpapier. Sie entfalten es besonders sorgfältig, um damit anschließend ein Präsent kreativ zu verpacken.

4. **Gesäß:** Sie sitzen auf der Kugel einer Wahrsagerin. Ihre beiden Pobacken beschweren sich und diskutieren ausdrucksstark, welche von ihnen ungerechter behandelt wurde.

5. **Hüfte:** Sie berühren Ihre Hüften und bemerken, dass sich dort kleine Speckröllchen gebildet haben. Sie betrachten sich im Spiegel und sind motiviert, eine Diät zu beginnen. Stellen Sie sich schon jetzt vor, wie selbstbewusst Sie nach der Abnehmkur sein werden. Voller

Selbstvertrauen setzen Sie Ihr Vorhaben sofort in die Tat um.

6. **Brust:** Auf Ihrem T-Shirt sind in Brusthöhe zwei Uhren aufgenäht, die Sie an alle Termine des heutigen Tages erinnern. Ganz deutlich hören Sie ihr regelmäßiges Ticken, das sich Ihrem Herzschlag anpasst.

7. **Schulter:** Zwicken Sie sich in die Schulter. Spüren Sie, wie sich der Schmerz in konzentrischen Kreisen ausbreitet?

8. **Hals:** Sie berühren Ihren Hals und entdecken erste Fältchen, die sich ähnlich einem Spinnennetz ausbreiten. Vor Schreck versuchen Sie sofort, diese Stellen mit beiden Händen zu bedecken.

9. **Nase:** Ihre Nase hat die Form einer Glühbirne. Blitzschnell leuchtet sie auf, blitzschnell geht sie wieder aus – wie bei Rudolf, dem Rentier.

10. **Kopf:** Sie greifen nach Ihren Haaren, die sich schweißnass anfühlen. Stress ist die Ursache. Auch Ihre Hände sind feucht. Sie legen sie auf Ihren Kopf und bemerken, wie langsam Ruhe in Sie einströmt.

Ahnen Sie bereits, wie Sie schon beim bloßen Durchlesen der einzelnen Punkte die Gründe für ein gutes Gedächtnis verinnerlicht haben? Hier noch einmal zum Nachlesen:

1. Das Gedächtnis ist die Basis für Wissen (Bücher) und Bildung (Bilderrahmen).

2. Es beflügelt (Flügel) Ihre Fantasie.

3. Sie entfalten Kreativität (Papier wird aufgefaltet und das Geschenk kreativ verpackt).

4. Sie verbessern Ihre Wahrnehmung (Kugel einer Wahrsagerin), Ihre soziale Kontaktfähigkeit und Ihr Ausdrucksvermögen (Pobacken unterhalten sich ausdrucksstark miteinander).

5. Das Gedächtnis steigert Ihre Motivation (Diät), Ihr Selbstbewusstsein und Ihr Selbstvertrauen (Blick in den Spiegel und die Vorstellung, wie attraktiv Sie nach der Diät aussehen werden).

6. Sie entwickeln ein gutes Zeitgefühl (Uhren auf dem T-Shirt).

7. Sie erhöhen Ihre Konzentrationsfähigkeit (Schmerz, der sich in konzentrischen Kreisen ausbreitet).

8. Sie denken vernetzt und haben eine schnelle Auffassungsgabe (Falten, ähnlich einem Spinnennetz, und der Versuch, diese sofort zu bedecken).

9. Sie entwickeln die Fähigkeit, blitzschnell zu denken und entsprechend zu reagieren (schnelles Aufblinken der Leuchte).

10. Auch in Stresssituationen behalten Sie Ihre Fähigkeiten bei und können ruhig und konzentriert arbeiten sowie denken (Schweiß = Stress, Handauflegen = Ruhe).

## Wie oft kann ich eine Route belegen?

Je mehr Routen Sie in Ihrem Repertoire haben, desto besser und leichter lässt sich die Methode anwenden. Gerade zu Beginn hat man meist „nur" seine Wohnung und seinen Körper als Route parat. Wie oft kann ich diese Routen belegen?

Es kommt auf die Inhalte an, die an die Route geknüpft werden. Können Sie diese ohne Probleme auseinanderhalten, lässt sich eine Route so oft belegen, wie es Ihre Fantasie zulässt. Ob es sich bei einem „Salatkopf" um einen Artikel auf Ihrer Einkaufsliste oder um einen Austragungsort der Olympischen Winterspiele handelt, ist eindeutig. Legen Sie allerdings auf ein- und dieselbe Route die Chemie- sowie Physik-Nobelpreisträger ab, müssten Sie schon ein sehr detailliertes Wissen über diese Persönlichkeiten haben, um nicht durcheinanderzukommen. In diesem Falle böten sich zwei verschiedene Routen an.

## Auf den Punkt gebracht

- Bei der Wohnungsmethode muss es sich nicht zwangsläufig um Ihre Wohnung handeln. Sie können die Wegpunkte auch entlang Ihres Körpers festlegen.

- Die Reihenfolge einer Route müssen Sie in- und auswendig kennen.

- Die Wohnungsmethode eignet sich vor allem für Lernstoff, den Sie sich nicht dauerhaft merken müssen (oder wollen).

- Sind die angehängten Informationen gut voneinander zu unterscheiden, können Sie eine Route sehr häufig belegen.

- Sind die angehängten Informationen leicht zu verwechseln, wählen Sie zwei verschiedene Routen zum Abspeichern.

# Zahlen werden zu Wörtern

Bisher haben wir mit zehn Bildern gearbeitet. Sinnvoller ist es aber, mindestens 100 Bilder zu erlernen. Mit einem solchen Umfang bahnen Sie sich den Weg zu unglaublichen Gedächtnisleistungen:

- Sie werden sich bereits in kürzester Zeit lange Zahlenreihen merken können.

- Sie erweitern die Möglichkeit der Zuordnung von unbekannten zu bekannten Informationen um ein Vielfaches.

- Gerade im Bereich der Allgemeinbildung bietet sich mit den zweistelligen Zahlen eine Zuordnung zu Jahreszahlen an.

Das System, sich die ersten zehn Zahlen anhand von Bildern zu merken, kennen Sie bereits. Sich beispielsweise die Neun einzuprägen, indem Sie an Kegel denken, ist durchaus noch nachvollziehbar. Doch fällt Ihnen eine Verknüpfung zur Zahl 67 oder 93 ein? Nein? Dann bin ich beruhigt – mir nämlich auch nicht. Und genau aus diesem Grund haben meine Bilder von 00 bis 99 die Umwandlung von Ziffern in Buchstaben zur Grundlage.

„00 bis 99? Aber von 0 bis 9 kann ich doch schon", werden Sie jetzt sagen. Das ist richtig. Wir haben anhand einer Bildzuordnung bereits die Ziffern von 0 bis 9 kennengelernt.

In zahlreichen Situationen ist es aber sinnvoll, zwischen 1 und 01 oder 2 und 02 unterscheiden zu können. Stellen Sie sich vor, Sie möchten sich die Telefonnummer 436205 merken, indem Sie sie paarweise an eine bekannte Route hängen. Da wir die Telefonnummern immer von vorne nach hinten genannt bekommen, hängen Sie die 43 an den ersten, die 62 an den zweiten Routenpunkt. An den dritten hängen Sie … eine 5 oder eine 05?

Ähnliche Situationen können sich beim Merken von Formeln oder zahlreichen anderen Zahlenketten ergeben. So ergibt es durchaus Sinn, zum einen 0 bis 9, zum anderen 00 bis 09 mit getrennten Bildern zu belegen.

## Die Zahlen 0 bis 9 bzw. 00 bis 99

Mit einer nachvollziehbaren Struktur ist es ein Leichtes, sich die Zahlenbilder für 00 bis 99 einzuprägen. Hierzu verwenden wir das Major-System. Dies bedeutet, dass ich für die Ziffern 0 bis 9 Buchstaben einsetze, die ich dann wiederum zu Wörtern verbinde. Anschließend entstehen daraus Assoziationen und ganze Geschichten.

### 0 = Z oder K

Eine 0 sieht aus wie ein O – und nahezu jeder kennt den Begriff „k. o."!

### 1 = T oder L

T und L verfügen jeweils über einen Hauptstrich.

### 2 = N oder V

N und V bestehen aus jeweils zwei Hauptstrichen.

### 3 = M oder W

M und W haben jeweils drei Winkel.

### 4 = R

Die Vier ist das einzige Zahlwort, das mit einem R endet.

### 5 = S oder SCH

Mit ein wenig Fantasie sieht die 5 dem S zum Verwechseln ähnlich. Der Sch-Laut gleicht wiederum dem S.

### 6 = B oder P

Das P sieht aus wie eine auf dem Kopf stehende 6. Der Buchstabe B ähnelt dem P.

### 7 = F

Das F mutet wie eine spiegelverkehrte 7 an.

### 8 = H oder CH

„Hab Acht (8)!"

### 9 = G

Die 9 gleicht einem klein geschriebenen g.

### Mehrstellige Zahlen merken

*Im Folgenden zeige ich Ihnen zwei Beispiele, wie Sie sich mit dieser Methode Zahlen künftig besser einprägen können.*

*Die Ziffern von 0 bis 9 werden durch Konsonanten darge-*
*stellt. Alle Konsonanten, die nicht mit den Ziffern in Ver-*
*bindung gebracht werden, fungieren grundsätzlich als „Lü-*
*ckenfüller". Dasselbe gilt für die Vokale, die für die Bildung*
*von ganzen Wörtern unerlässlich sind.*

*Das erste Beispiel:*

- **452:** *4 = r; 5 = s oder sch; 2 = n oder v*

*In Verbindung mit Vokalen lassen sich aus diesen Konso-*
*nanten folgende Wörter bilden:*

- *Arsen oder Reisen oder Rosine*

*Wie diese Wörter zustande kommen? Hier die Lösung:*

*R, S und N ergeben sich aus den Ziffern. Alle anderen Buch-*
*staben sind Lückenfüller und dienen lediglich der besseren*
*Handhabung der Methode.*

*Das zweite Beispiel:*

- **649:** *6 = b oder p; 4 = r; 9 = g*

*In Verbindung mit Vokalen lassen sich aus diesen Konso-*
*nanten dieses Mal die folgenden Wörter bilden:*

- *Burg oder Berg oder Prag*

*Auch hier sind alle Buchstaben, die nicht den Ziffern zuge-*
*ordnet wurden, Lückenfüller. Die Zuordnung von Zahl und*
*Konsonanten bleibt dabei immer gleich. Sie wird nicht von*
*Wort zu Wort gewechselt.*

Aufbauend auf der Methode „Zahlen werden zu Wörtern"
habe ich mir feste Bilder für die Zahlen 00 bis 99 ausgedacht. Dies hat den Vorteil, dass ich zumindest für zwei-
stellige Zahlen immer ein feststehendes Bild zur Hand habe.

Auch die Bilder für die Zahlen 00 bis 99 sollten Sie immer beibehalten – ansonsten gerät das ganze System durcheinander.

Die Zahl 53 entspricht in meinem System dem Bild eines Samurai. Da es sich hier um ein feststehendes Bild handelt, weiß ich stets, dass nur die ersten beiden umgewandelten Buchstaben entscheidend sind. Samurai ist also immer 53 (siehe nachfolgende Auflistung) und nie 534. Um letztere Zahl zu bilden, müsste ich mir folglich eine andere Assoziation ausdenken, z. B. Sommer.

## Die Zahlen 00 bis 99

- 00 = Keks
- 01 = Klavier
- 02 = Zange
- 03 = Kamm
- 04 = Kreuz
- 05 = Kasse
- 06 = Kabel
- 07 = Koffer
- 08 = Zahn
- 09 = Ziegel
- 10 = Lok
- 11 = Leiter

- 12 = Lenkrad
- 13 = Tombolatrommel
- 14 = Tarzan
- 15 = Lasso
- 16 = Tapete
- 17 = Lift
- 18 = Taucher
- 19 = Legostein
- 20 = Nektarine
- 21 = Notenständer
- 22 = Nonne
- 23 = Vampir
- 24 = Nerzmantel
- 25 = Vase
- 26 = Dynamit (nach dem Erfinder Nobel)
- 27 = Neffe (Tick, Trick und Track Duck)
- 28 = Nähnadel
- 29 = Nagel
- 30 = Wok
- 31 = Watte
- 32 = Wanne
- 33 = M+M-Packung (Süßigkeit)

- 34 = Würfel
- 35 = Messer
- 36 = Webrahmen
- 37 = Waffel
- 38 = Mühle
- 39 = Weg
- 40 = Rock
- 41 = Roller
- 42 = Rennrad
- 43 = Römer
- 44 = Irrer
- 45 = Rose
- 46 = Roboter
- 47 = Riff
- 48 = Richter
- 49 = Regenschirm
- 50 = Sack
- 51 = Sattel
- 52 = Sonne
- 53 = Samurai
- 54 = Surfbrett
- 55 = Sessellift

- 56 = Spielplatz
- 57 = Safe
- 58 = Schneemann
- 59 = Segel
- 60 = Päckchen
- 61 = Bett
- 62 = Pinsel
- 63 = Bommelmütze
- 64 = Parkuhr
- 65 = Post
- 66 = Papier
- 67 = Pfeife
- 68 = Photo (alte Rechtschreibung)
- 69 = Bogen
- 70 = FAZ (Zeitung)
- 71 = Flasche
- 72 = Fenster
- 73 = Familie
- 74 = Frisbee
- 75 = Fuss (auch wenn orthografisch „Fuß" korrekt wäre)
- 76 = Fibel (Buch)
- 77 = (P)fefferstreuer

- 78 = Fechter
- 79 = Fagott
- 80 = Hecke
- 81 = Hut
- 82 = Hängematte
- 83 = Hammer
- 84 = Herkules (ein Denkmal)
- 85 = Hose
- 86 = Hüpfburg
- 87 = Hufeisen
- 88 = Höhle
- 89 = Thermometer (von Hg = Quecksilber)
- 90 = Guzl (Bonbon) oder Gezeiten (Strand)
- 91 = Glocke
- 92 = Gin-Cocktail
- 93 = Gummi
- 94 = Gurke
- 95 = Gesicht
- 96 = Gebäck
- 97 = Giftspritze
- 98 = Gehege
- 99 = Egge oder Gugelhupf

Ähnlich wie Sie bereits die Bilder für die Zahlen 0 bis 9 einstudiert haben, verinnerlichen Sie nun auch die Assoziationen zu den Zahlen 00 bis 99.

> Gehen Sie beim Auswendiglernen Schritt für Schritt vor und üben Sie immer nur fünf Bilder auf einmal. Stellen Sie sich die Zuordnungen dabei möglichst bildhaft und vor allem fantasiereich vor.

Sobald Sie alle 100 Bilder sicher beherrschen, wenden Sie das Gelernte mit folgender Übung praktisch an:

### Übung: Olympische Winterspiele

*Wann und wo fanden die Olympischen Winterspiele statt? Da bei dieser Aufgabe nach Jahreszahlen gefragt wird, ist eine Zuordnung über die oben stehenden Zahlenbilder bestens geeignet. Mein Tipp: Das Jahrhundert können Sie ruhig ignorieren. Für den Anfang reicht es vollkommen aus, wenn Sie sich auf die letzten beiden Ziffern konzentrieren.*

*Gehen Sie wie folgt vor: Verknüpfen Sie die Jahreszahlen mit den Basisbildern der Zahlen 21 bis 99. Für den Austragungsort der jeweiligen Olympiade denken Sie sich ein Ersatzwort aus und verbinden dieses mit dem Basisbild der entsprechenden Jahreszahl.*

- *1924 – Chamonix*
- *1928 – St. Moritz*
- *1932 – Lake Placid*
- *1936 – Garmisch-Partenkirchen*
- *1948 – St. Moritz*
- *1952 – Oslo*

- *1956 – Cortina D'Ampezzo*
- *1960 – Squaw Valley*
- *1964 – Innsbruck*
- *1968 – Grenoble*
- *1972 – Sapporo*
- *1976 – Innsbruck*
- *1980 – Lake Placid*
- *1984 – Sarajevo*
- *1988 – Calgary*
- *1992 – Albertville*
- *1996 – Lillehammer*
- *1998 – Nagano*
- *2002 – Salt Lake City*
- *2006 – Turin*
- *2010 – Vancouver*
- *2014 – Sotschi*
- *2018 – Pyeongchang*

Haben Sie alle oben stehenden Jahreszahlen mit den dazugehörigen Städtenamen verknüpfen können? Wenn nicht, dürfen Sie sich auch gerne an meinen folgenden Vorschlägen orientieren.

### 1924: Nerzmantel + Chamonix

Sie tragen einen echten Nerz und werden beschimpft. Scham kommt auf.

### 1928: Nähnadel + St. Moritz

Max und Moritz nähen olympische Ringe auf die Hauswände in ihrer Nachbarschaft. Und siehe da: Das Graffito ist geboren.

### 1932: Wanne + Lake Placid

Suchen Sie mit Ihrer Badewanne einen Platz mitten auf dem See (Lake)?

### 1936: Webrahmen + Garmisch-Partenkirchen

So ein Geschenk gibt es sonst gar nicht (Garmisch): Sie überreichen Ihrem Paten einen selbst gewebten Rahmen.

### 1948: Richter + St. Moritz

Schon wieder diese Lausbuben (Max und Moritz) … Jetzt reicht es: Sie kommen vor Gericht.

### 1952: Sonne + Oslo

Oh, so langsam kommt die Sonne heraus.

### 1956: Spielplatz + Cortina D'Ampezzo

Heißt die Eisdiele am Spielplatz bei Ihnen um die Ecke auch Cortina?

## 1960: Päckchen + Squaw Valley

Jeder hat sein Päckchen zu tragen – erst recht die Squaws (nordamerikanische Indianerfrauen) im Tal.

## 1964: Parkuhr + Innsbruck

Sprengen Sie eine Parkuhr und reparieren Sie das Goldene Dachl zu Innsbruck.

## 1968: Photo + Grenoble

Sie als Sportler, welch nobles Photo!

## 1972: Fenster + Sapporo

Da sabbert doch einer ans Fenster. Nur noch durch die Poren kann man schauen.

## 1976: Fibel + Innsbruck

Für die Reparatur des Goldenen Dachls dürfen Sie sich in die goldene Fibel eintragen.

> Mit Verweisen wie diesem (Bezug zwischen 1976 und 1964) oder dem nachfolgenden (1980 und 1932) stellen Sie geschickt zusätzliche Querverbindungen her. **!**

## 1980: Hecke + Lake Placid

Wenn Sie Ihre Wanne wieder aus dem See an Land ziehen, legen Sie sie zum Trocknen auf die Hecke.

### 1984: Herkules-Denkmal + Sarajevo

Geben Sie dem Denkmal einen weiblichen Namen: Sara.

### 1988: Höhle + Calgary

Rufen Sie englische Wörter (to call) in eine Höhle. Das Echo antwortet: „GAR nix verstehen."

### 1992: Gin-Cocktail + Albertville

Albert Einstein wäre nie so ein kluger Kopf geworden, wenn er jeden Abend einen Gin-Cocktail geschlürft hätte.

### 1994: Grab + Lillehammer

Nageln Sie mit einem Hammer Lilien auf ein Grab.

### 1998: Gehege + Nagano

In jedem Gehege können Sie Tiere beim Nagen beobachten.

### 2002: Zange + Salt Lake City

Mit einer Zange zerquetschen Sie Laken in die Form kleiner Salzkrümel.

### 2006: Kabel + Turin

Einmal Heidi Kabel auf Tour erleben.

## 2010: Lok + Vancouver

Eine Lok mit Tender sieht optisch aus wie ein Van.

## 2014: Lore + Sotschi

Kennen Sie den Roman „Die Liebenden von Sotschi" von Hans G. Konsalik? Ging es da nicht um eine Hannelore, die in einer Lore dem aufdringlichen Liebhaber entkommen ist?

## 2018: Taucher + Pyeongchang

Springt der Taucher ins Wasser, erklingt zunächst ein „Pyeong". Taucht er wieder auf, singt er einen Chanty.

> Die Zuordnungsmethode bietet sich immer dann an, wenn bereits eine bestimmte Reihenfolge vorgegeben ist, zum Beispiel Jahreszahlen, Paragrafen usw. **!**

Apropos Paragraf: Kennen Sie das Grundgesetz der Bundesrepublik Deutschland? Mit dieser Frage werden ausländische Mitbürger bei der Einwanderungsbehörde konfrontiert. Doch wie viele Deutsche kennen die Antwort? Nach dem nächsten Beispiel gehören Sie auf jeden Fall auch zum Kreis der Wissenden!

## Das Grundgesetz der Bundesrepublik Deutschland

Bei den Artikeln des Grundgesetzes kann nur die Zuordnungsmethode greifen, da die 19 Grundrechte bereits eine feststehende Reihenfolge haben. Alle anderen Techniken der Gedächtniskunst würden diese bestehende Zuordnung auseinanderreißen und damit kontraproduktiv wirken.

### Artikel 1

*„Die Würde des Menschen ist unantastbar."*

Stellen Sie sich einen Pfarrer vor, der mit einer großen Kerze in Richtung Altar schreitet. Sehen Sie diesen Würdenträger vor Ihrem inneren Auge? Nie würden Sie sich erlauben, ihn anzutasten.

### Artikel 2

*„Jeder hat das Recht auf die freie Entfaltung seiner Persönlichkeit, soweit er nicht die Rechte anderer verletzt und nicht gegen die verfassungsmäßige Ordnung oder das Sittengesetz verstößt."*

Als Kind durften Sie es noch nicht: „Messer, Gabel, Schere, Licht, sind für kleine Kinder nicht!" Mittlerweile aber dürfen Sie selbst bestimmen, ob Sie zur Schere greifen oder nicht. Doch aufgepasst: Schneiden Sie niemanden! Verstoßen Sie nicht gegen Rechtsvorschriften anderer, indem Sie mit Ihrer Schere Verletzungen verursachen.

## Artikel 3

*„Alle Menschen sind vor dem Gesetz gleich, und zwar unabhängig von Geschlecht, Abstammung, Rasse, Sprache, Heimat, Herkunft, Glauben, religiöser und politischer Überzeugung."*

Besuchen Sie die Pyramiden von Giseh. Erleben Sie, wie die Menschenmassen drängeln, um das beste Fotomotiv zu finden. Regen Sie sich bewusst darüber auf, wie die verschiedensten Touristen aus dem In- und Ausland sich benehmen, wie sie gekleidet sind, wie und worüber sie sprechen. Aber alle sind sie gleichsam stolz und glücklich, vor diesem Weltwunder zu stehen.

## Artikel 4

*… behandelt die Glaubens- und Gewissensfreiheit.*

Betrachten Sie das vierblättrige Kleeblatt als Kreuz, das sich ein Soldat ins Revers seiner Uniform steckt, um seinen Glauben und sein Gewissen zu verdeutlichen.

## Artikel 5

*… behandelt die Meinungs- und Pressefreiheit.*

Viele weltweit bekannte Symbole, wie zum Beispiel das Victory-Zeichen, lassen sich mit einer Hand darstellen. Oder halten Sie in Ihrer Hand Demonstrationsplakate. Auch das gegenteilige Bild einer Hand vor Ihrem Mund kann unterstützend auf Ihr Gedächtnis wirken.

## Artikel 6

*… besagt, dass Ehe und Familie unter dem besonderen Schutz*
*der staatlichen Ordnung stehen.*

Sie spielen tagtäglich mit Ihrer Familie vor Ihrem Haus Gitarre – und das, obwohl Sie es gar nicht können. Natürlich sind Ihre Nachbarn verärgert. Aber anstelle eines Zauns steht der Staat mit seinen Soldaten beschützend zwischen Ihnen und der wütenden Meute.

## Artikel 7

*… regelt das Schulwesen, das unter staatlicher Aufsicht steht.*

Wie süß sind doch die Schulanfänger, die noch völlig unbeschwert in Reih und Glied die Treppe zur Schule hinauflaufen. Ein richtiger Zwergenaufstand!

## Artikel 8

*… behandelt die Versammlungsfreiheit.*

Sie haben die Freiheit, Verhandlungen auch in Achterbahnen einzuberufen. Oder stellen Sie sich ein schreckliches Szenario vor: Eine Achterbahn stürzt in eine Menschenmenge.

## Artikel 9

*… verankert das Recht, Vereine und Gesellschaften zu bilden.*

Der Klassiker: ein Kegelverein.

## Artikel 10

*… regelt das Brief-, Post- und Fernmeldegeheimnis.*

Das Internet ist nicht vertrauenswürdig genug, um geheime Informationen weiterzugeben. Ich wähle lieber den Transport meiner Briefe und dergleichen mit dem Zug. Allein die Lautstärke der Lok lässt nicht zu, dass jemand heimlich mithören kann.

## Artikel 11

*… definiert die Freizügigkeit.*

Meine Leiter reicht bis weit in den Himmel. Freier kann ich gar nicht sein.

## Artikel 12

*… definiert die Berufsfreiheit.*

Ich lenke mich durch meine berufliche Laufbahn.

## Artikel 13

*„Die Wohnung ist unverletzlich."*

Zumindest in den Großstädten ist die Wohnungsnot so groß, dass freie Wohnungen verlost werden müssen.

## Artikel 14

> *… gewährleistet Eigentum und Erbrecht.*

Der Artikel stammt wohl aus dem Bergbauwesen. Mit meiner Lore schiebe ich meinen gewonnenen oder geerbten Reichtum nach Hause.

## Artikel 15

> *… regelt die Entschädigungen bei Vergesellschaftung von Grund und Boden.*

Die Cowboys haben jahrelang die Indianer mit ihren Lassos eingefangen. Nun gilt es, diese zu entschädigen.

## Artikel 16

> *„Die deutsche Staatsangehörigkeit darf nicht entzogen werden."*

Wenn Tapetenwechsel, dann nur, wenn ich es will. Mich einfach aus den gewohnten vier Wänden, aus meinem Staat herauszuholen, geht per Gesetz nicht.

## Artikel 17

> *… erlaubt Ihnen, sich bei der Volksvertretung zu beschweren.*

Mal fühle ich mich wohl im Staat, mal nicht. Wie gut, dass ich nur einen Lift besteigen muss, um mich bei der Vertretung, die hoch oben über uns wacht, zu beschweren.

## Artikel 18

*... sagt aus, was geschieht, wenn Sie die Freiheiten desselben missbrauchen.*

Auch wenn die Zeiten vorbei sind, in denen man bei Verfehlungen unter Wasser getaucht wurde, sagt uns heute noch dieser Artikel, dass es durchaus wieder passieren könnte.

## Artikel 19

*... sichert zu, dass das Grundgesetz für die Allgemeinheit gültig ist.*

Das Grundgesetz ist genauso für die Allgemeinheit gültig, wie beim Legospiel jeder Stein auf jeden passt.

Geschafft! Jetzt können auch Sie den Inhalt des Grundgesetzes jederzeit aus dem Gedächtnis wiedergeben – sogar in der richtigen Reihenfolge der einzelnen Artikel!

---

**Auf den Punkt gebracht**

- Die Zuordnungsmethode bietet sich besonders dann an, wenn bereits eine Reihenfolge vorgegeben ist, wie zum Beispiel bei der Abfolge von Jahreszahlen, Paragraf usw.

- Mit feststehenden Bildern für die Zahlen von 00 bis 99 erschließen Sie sich weitreichende Möglichkeiten, sich Informationen einzuprägen. Sie müssen sie dazu vorab lediglich in einer Listenform anordnen.

# Tabellen

Auch Informationen in Tabellenform können Sie sich mithilfe der Zuordnungsmethode erschließen und merken. Ich rate Ihnen allerdings, sich für die einzelnen Zellen von A1 bis H8 feststehende Bilder anzueignen, die sich von Ihren bisherigen gedanklichen Verknüpfungen unterscheiden. Dies garantiert, dass Sie beim Abrufen der gelernten Informationen sofort erkennen, dass es sich um den Bestandteil einer Tabelle handelt. Natürlich können Sie die Tabelle jederzeit beliebig erweitern.

Meine Bilder habe ich zum einen mit den Anfangsbuchstaben A bis H sowie mit der Technik „Zahlen werden zu Wörtern" gebildet. So steht für A1 zum Beispiel „Altar". Dieses Bild erschließt sich wie folgt: A + 1 (= t oder l). Ich entscheide mich für „l" und komme somit zum Begriff „Altar". Die Buchstaben nach „A" und „l" sind dabei sekundär, da ich jederzeit weiß, dass es sich hinter dem Buchstaben lediglich um eine einstellige Zahl handelt.

Eine Ausnahme bildet der Buchstabe C. Hier beginnen alle Bilder mit Z. Der Grund ist naheliegend: Es existieren in der deutschen Sprache weitaus mehr Wörter, die mit dem Buchstaben „Z" anfangen als mit „C".

Im Folgenden gebe ich Ihnen meine Vorschläge von A1 bis H8 mit auf den Weg. Natürlich müssen Sie sich auch dieses Mal nicht an meine Anregungen halten, sondern können sich ebenso eigene Bilder ausdenken.

## *Die Zellen A1 bis A8*

- A1 = Altar
- A2 = Antenne
- A3 = Amboss
- A4 = Arzt
- A5 = Ast
- A6 = Apfel
- A7 = Auflauf
- A8 = A-Hörnchen

## *Die Zellen B1 bis B8*

- B1 = Blatt
- B2 = Banane
- B3 = Bumerang
- B4 = Brot
- B5 = Besen
- B6 = Bob
- B7 = Beifall (applaudierende Hände)
- B8 = BH (oder: die B-Hörnchen von Walt Disney)

## *Die Zellen C1 bis C8*

- C1 = Zelt
- C2 = Zange

- C3 = Zombie
- C4 = Zar
- C5 = Zyste
- C6 = Zäpfchen
- C7 = Zofe
- C8 = Zahn

### Die Zellen D1 bis D8

- D1 = Dollarschein
- D2 = Dinosaurier
- D3 = Dom
- D4 = Draht
- D5 = Dose
- D6 = Dübel
- D7 = (Dick &) Doof
- D8 = Dach

### Die Zellen E1 bis E8

- E1 = Ellenbogen
- E2 = Endoskop
- E3 = Eimer
- E4 = Erde
- E5 = Eis

- E6 = Ebbe

- E7 = Eiffelturm

- E8 = Ehepaar

### Die Zellen F1 bis F8

- F1 = Filtertüte

- F2 = Fantasia (Walt-Disney-Film)

- F3 = Fimo (Bastelmasse)

- F4 = Frau

- F5 = Fuß

- F6 = Fibel

- F7 = (P)fefferstreuer

- F8 = Fohlen

### Die Zellen G1 bis G8

- G1 = Galeere

- G2 = Genie (Einstein)

- G3 = Gewitter

- G4 = Gräte

- G5 = Gießkanne

- G6 = GPS-Gerät

- G7 = Giftbecher

- G8 = Geher

## *Die Zellen H1 bis H8*

- H1 = Hologramm

- H2 = Hundehütte

- H3 = Himmel

- H4 = Hirte

- H5 = Hosenträger

- H6 = Hüpfburg

- H7 = Hufeisen

- H8 = Höhle

---

### Auf den Punkt gebracht

- Um sich Informationen in Tabellenform einzuprägen, sollten Sie vorab für jede Zelle ein eigenes Bild kreieren.

- Haben Sie mindestens die gedanklichen Verknüpfungen für die Zellen A1 bis H8 immer parat.

- Wählen Sie für Tabellen separate Bilder, die sich von Ihren Basisbildern für die Zahlen 00 bis 99 unterscheiden. So erkennen Sie immer sofort, ob es sich um einen Teil einer Tabelle oder um andere Informationen handelt.

# Formeln – Wegbeschreibungen – Abkürzungen

Wenn sich in den zu merkenden Information Zahlen und Buchstaben vermischen – wie zum Beispiel bei Formeln oder Wegbeschreibungen –, empfehle ich Ihnen das Tier-Alphabet als geeignete Methode der Gedächtniskunst.

### Das Tier-Alphabet

- Affe
- Bär
- Chamäleon
- Dachs
- Elefant
- Fisch
- Giraffe
- Hase
- Igel
- Jaguar
- Kamel
- Löwe
- Maus
- Nashorn
- Otter

- **P**fau
- **Q**ualle
- **R**indvieh
- **S**chwein
- **T**intenfisch
- **U**nke
- **V**ogel
- **W**al
- Ory**x**
- **Y**ak
- **Z**ebra

Mithilfe dieses Tier-Alphabets wird aus der Autobahn A2 nicht etwa das Bild der Zelle A2 = Antenne, sondern ein Affe (Tier-Alphabet) mit einer Schere (Basisbild).

### Wegbeschreibung: auf der Reise von A nach B

*Wenn Sie von der A2 auf die B28 abbiegen müssen, merken Sie sich dies mit einer Geschichte: Ein Affe mit einer Schere verfolgt einen Bären mit einer Nähnadel.*

Der Vorteil dieses „Ersatz-Alphabets" liegt auf der Hand: Sobald ein Tier auftaucht, wissen Sie, dass es sich um einen einzelnen Buchstaben handelt. Sie kommen somit gar nicht erst in die Versuchung, in Ihrer Basis- oder Tabellen-Bilderliste nach der richtigen Entsprechung zu suchen.

Aus diesem Grund ist es sehr wichtig, dass Sie sich für die Bilder des Ersatz-Alphabets auf keinen Fall aus Ihren Basisbildern oder den Bildern, die Sie für die Tabelle nutzen, „bedienen".

> Wenn Sie die einzelnen Assoziationen in Ihrem Gedächtnis gut abgrenzen können, sind auch Bilder wie ein Mammut oder ein A-Hörnchen durchaus möglich. Ihnen sollte aber ohne zu zögern die Unterscheidung zwischen lebenden Tieren und dem ausgestorbenen Mammut oder der Comicfigur A-Hörnchen gelingen.

Wie wird nun aus dem Tier-Alphabet eine vollständige Formel oder Abkürzung? Ganz einfach: durch das Verflechten der verschiedenen Gedächtnismethoden. Im Folgenden finden Sie einige Beispiele zur Veranschaulichung:

### Formel: $(a + b)^2$

*Die Formel $(a + b)^2$ merken Sie sich anhand einer kurzen Geschichte: Ein Affe und ein Bär bekämpfen sich mit einer Schere.*

### Abkürzung: uAwg – (um Antwort wird gebeten)

*Ein Uhu fliegt in den Wald, um eine Herde Affen zu einer Party einzuladen. Als sie vor ihrem Kleiderschrank stehen, kommen sich die Weibchen – wie im „richtigen" Leben – jedoch vor wie Wale: dick und unförmig. Doch das Männchen beruhigt sie, indem es ihnen versichert, sie seien so gertenschlank wie der Hals einer Giraffe. Die Party ist gerettet.*

## *Wegbeschreibung: von Karlsruhe nach Norden-Norddeich*

*Um von Karlsruhe nach Norden-Norddeich zu kommen, müssen Sie folgende Straßen befahren:*

- *A5 – A45 – A1 – A29 – A28 – A31 – B210*

*Wie Sie sehen, führt nahezu die komplette Strecke über Autobahnen. Die Abkürzung A steht für „Affe". Nur das letzte Teilstück ist eine Bundesstraße, die durch ein B – also durch einen Bären – repräsentiert wird.*

*Die Dampfmaschine müssen Sie nicht neu erfinden. Deshalb stellen Sie sich am Anfang eine Horde Affen vor. Erst wenn diese die Autobahn verlässt, begegnet ihr der Bär. Aber der Reihe nach:*

- *Die Affen geben sich zum Abschied die Hand.*

- *Ein Weibchen ist so traurig, dass Sie dem Anführer der Bande eine Rose übergibt.*

- *Während der langen Verabschiedungszeremonie ist es dunkel geworden, sodass die Horde bei Kerzenschein startet.*

- *Was ist das für ein Gehämmer? Wahrscheinlich nageln sich die Affen neue Kletterwege.*

- *In der Dunkelheit haben sie so viel Angst, dass sich ihr Fell gespannt aufstellt – so als seien die einzelnen Haare spitze Nadeln.*

- *Nachdem sich die Affen gegenseitig gestochen haben, reinigen sie ihre Wunden mit Watte.*

- *Kurz vor dem Ziel stößt ein Bär zu ihnen. Mit einer Schere sticht er in See. Das zeigt, dass das Ziel bald erreicht ist. Noch einmal die beschuhten Füße unter den Arm klemmen und die letzten Meter angehen.*

Sollten Sie häufiger komplexe Formeln lernen müssen, lohnt es sich sogar, für die einzelnen Elemente – zum Beispiel „Klammer auf", „Klammer zu" sowie die unterschiedlichen Rechenoperationen – feststehende Bilder zu kreieren. Ich persönlich habe diese in einem bestimmten Bereich angesiedelt: in der Welt der Märchen- und Kinderbücher. So wird aus „Klammer auf" und „Klammer zu" ein Krokodil mit offenem bzw. geschlossenem Maul. Das Wurzelzeichen ist die böse Hexe usw.

---

**Auf den Punkt gebracht**

- Formeln, Wegbeschreibungen und Abkürzungen lassen sich am besten mithilfe des Tier-Alphabets einprägen.

- Bei Formeln können Sie zudem auch feststehende Bilder für die Sonderzeichen, wie „Klammer auf" oder die einzelnen Rechenoperationen, kreieren.

# Training für Ihr Langzeitgedächtnis

## Die Geschichtenmethode

Die Geschichtenmethode ist meiner Meinung nach die schönste aller Gedächtnistechniken. Denn wer tut nicht gerne ausführliche Erzählungen kund?! Da Geschichten mit vielen Emotionen und Erinnerungen automatisch beide Gehirnhälften ansprechen, eignet sich diese Methode vor allem für solches Wissen, das Sie über einen sehr langen Zeitraum speichern wollen.

Verschweigen möchte ich aber nicht, dass die Geschichtenmethode auch einen großen Nachteil in sich birgt: Jede Geschichte ist nur so stark wie ihre schwächste Assoziation. Das heißt in der Praxis: Entfällt Ihnen auch nur eine einzelne Begebenheit, stecken Sie an dieser Stelle fest wie in einer Sackgasse. Mit großer Wahrscheinlichkeit fallen Ihnen dann nämlich auch die weiter hinten platzierten Informationen nicht mehr ein.

Wichtig für eine gute Geschichte ist daher immer der Ausgangspunkt. Bei einem Einkaufszettel bietet sich natürlich ein Lebensmittelgeschäft an, möchten Sie hingegen die Namen aller bisherigen Bundeskanzler auswendig lernen, beginnen Sie idealerweise in einem Parlament.

## Die vier Aspekte einer guten Geschichte

Um eine wirklich gute Geschichte zu kreieren, sollten Sie stets all Ihre Sinnesorgane einbeziehen. Darüber hinaus spielen aber auch noch vier weitere Aspekte eine wichtige

Rolle, um aus Ihrer Erzählung ein wirklich unvergessliches Erlebnis zu machen.

1. **Transformation:** Die Transformation beschreibt die Verwandlung. Verwandeln Sie also in Ihrer Geschichte einen Gegenstand in einen anderen. Je deutlicher die Metamorphose erfolgt, desto stärker ist die Assoziation zwischen den beiden Begriffen. Lassen Sie aber nicht einfach ein Fahrrad zu einem Motorrad werden. Die Ähnlichkeit ist zu groß und Sie werden dieses Bild daher sehr rasch wieder vergessen. Gehen Sie stattdessen Schritt für Schritt vor: Formen Sie aus den Pedalen große Füße; aus der Lampe züngeln Flammen – und plötzlich reiten Sie auf einem Drachen. Dieses Bild bleibt Ihnen mit Sicherheit in Erinnerung.

2. **Kombination:** Die Kombination von zwei Begriffen zu einem neuen Bild birgt einen großen Vorteil: Sie sind gezwungen, auf Einzelheiten zu achten, sodass Sie den entsprechenden Gegenstand noch deutlicher vor Ihrem inneren Auge sehen.

### *Der Einkaufszettel*

*Möchten Sie sich einen Einkaufszettel merken, können Sie zum Beispiel Eier und Mehl kombinieren. Daraus entstehen Nudeln.*

3. **Interaktion:** Binden Sie sich in Ihre Geschichte selbst mit ein. Denn die Vorstellung, wie Sie selbst in einen Bach fallen, in dem Bier statt Wasser fließt, ist viel stärker, als wenn Sie das Geschehen nur als Außenstehender beobachten würden.

4. **Weg vom Abstrakten:** Mit der Geschichtenmethode können Sie sich auch sehr theoretische Informationen aneignen – zum Beispiel als Vorbereitung für eine Prüfung. Der erste und wichtigste Schritt besteht hierbei darin, abstrakte Begriffe in reelle, greifbar Bilder zu verwandeln. So können Sie sich zum Beispiel Städtenamen viel leichter einprägen als mit bloßem Auswendiglernen der einzelnen Bezeichnungen.

### Die Bundespräsidenten der BRD

- *Ich liege im Heu (Heuss) …*
- *… und überlege, wie ich aus den Heuballen das Lübecker Tor (Lübke) nachbauen könnte. Ich schlafe ein.*
- *Im Traum erscheinen die Heinzelmännchen (Heinemann) und unterstützen mich bei meinem Bauvorhaben. Als ich aufwache und sehe, dass es kein Traum ist, suche ich so schnell wie möglich das Weite.*
- *Wie gut, dass gerade Walter Scheel hoch auf seinem gelben Wagen vorbeikommt. Ich springe auf.*
- *Wir machen an einem Brunnen Halt, in dem sich Sekt statt Wasser befindet: Carstens SC (Carstens).*
- *Frisch gestärkt lade ich vom gelben Wagen Weizensäcke (von Weizsäcker) ab.*
- *Damit ziehe ich übers Land her (Herzog).*
- *Ganz schön raue (Rau) Sitten herrschen hier, stelle ich fest.*
- *Aber diese Arbeit ist immer noch leichter, als als Köhler (Köhler) arbeiten zu müssen.*
- *Diese Arbeit ist gar so leicht, dass ich sie vorgaukeln (Gauck) kann.*

*Und nach der nächsten Wahl führe ich die Geschichte fort.*

Die Geschichtenmethode hat mehrere Vorteile:

- Das Ausdenken einer Geschichte macht Spaß.

- Sie können Ihre Geschichte jederzeit verlängern und somit um weitere Informationen ergänzen.

- Wenn Sie sich Ihre Geschichte zum Beispiel beim Autofahren immer wieder selbst erzählen, findet sie besonders schnell Eingang in Ihr Langzeitgedächtnis.

- Ist Ihnen eine Geschichte erst einmal vertraut, können Sie sie auch mit weiteren unbekannten Informationen verknüpfen.

Gerade den letzten Punkt möchte ich Ihnen anhand eines Beispiels verdeutlichen. Dafür studieren wir zunächst die Bundeskanzler der Bundesrepublik Deutschland ein. Sobald wir diese „Geschichte" dann als bekannt voraussetzen können, ergänzen wir sie durch die Amtszeiten.

Zuvor möchte ich fairerweise aber auch auf einen Nachteil der Geschichtenmethode eingehen: Haben Sie bei der Assoziationsmethode eine Lücke, wissen Sie, dass Sie eine Lücke haben. Das bringt Sie nicht aus dem Konzept, die Sicherheit leidet nicht. Reißt Ihnen dagegen bei der Geschichtenmethode eine Verbindung zwischen zwei Gliedern, können Sie nicht mit Sicherheit sagen, ob Ihnen nur eine Information oder gar eine Reihe von Daten fehlt.

Nichtsdestotrotz überwiegen die Vorteile der Geschichtenmethode, sodass wir uns die Bundeskanzler näher ansehen können:

## Die Bundeskanzler der BRD – Teil 1

- *Zusammen mit Konrad Adenauer besteige ich den Kölner Dom. Plötzlich höre ich von unten Gelächter.*

- *Auf dem Domplatz steht anscheinend Heinz Erhard, der ein Gedicht vorträgt. Ach nein – es ist Ludwig Erhard, der sich zur derzeitigen Politik äußert.*

- *Es ist auch kein richtiges Lachen, das an mein Ohr dringt. Vielmehr äußern sich die Menschen verärgert. Schließlich greifen sie sogar nach Kieselsteinen (Kissinger) und bewerfen ihn damit.*

- *Wie gut, dass sie damit nicht den Politiker treffen. Stattdessen knallen die Stein in der Luft zusammen.*

- *Es sprühen Funken, ein regelrechter „Brandt" ist entfacht.*

- *Mit dieser Feuersbrunst könnte man Waffen schmieden (Schmidt).*

- *Anstatt aber Lanzen herzustellen, formen die Massen Kanonenkugeln, die aussehen wie Kohlköpfe (Kohl).*

- *Schnell werden die Waffen damit gefüllt – und Feuer ab. Doch die Kohlköpfe halten dem Druck nicht stand, sondern „zerschröddern" (Schröder) in der Luft.*

- *Das ist doch keine Qualitätsarbeit! Sofort renne ich zum Reklameschalter und „merkel" dies an.*

Üben Sie diese Geschichte, bis Sie sie perfekt beherrschen. Fertig? Dann auf zum zweiten Teil!

## Die Bundeskanzler der BRD – Teil 2

- *Zusammen mit Konrad Adenauer besteige ich den Kölner Dom. Auf dem Weg nach oben frage ich mich, warum er einen Regenschirm (49) in der Hand hält. Möchte er vom*

Aussichtsplateau aus zu den Bürgern hinabfliegen? Konrad Adenauer schwebt mit einem Regenschirm in der Hand den Kölner Dom herunter – das sorgt für Schlagzeilen.

- Plötzlich höre ich von unten Gelächter. Dort steht anscheinend Heinz Erhard, der ein Gedicht vorträgt. Ach nein – es ist Ludwig Erhard, der sich zur derzeitigen Politik äußert. Die Menschen lachen nur deswegen, weil er mit seiner Bommelmütze (63) so witzig aussieht.

- Es ist aber gar kein richtiges Lachen, das an mein Ohr dringt. Vielmehr äußern sich die Menschen verärgert. Schließlich greifen sie sogar nach Kieselsteinen (Kissinger) und bewerfen ihn damit. Er kann sich aber nur mit zusammengeknülltem Papier (66) wehren und rennt davon.

- So wird er von den Steinen nicht getroffen. Stattdessen knallen sie in der Luft zusammen.

- Es sprühen Funken, ein regelrechter „Brandt" ist entfacht. Aber sind das wirklich noch die Steine oder schießt der Pöbel mit Feuerpfeil und Bogen (69)?

- Mit dieser Feuersbrunst könnte man Waffen schmieden (Schmidt). Die Pazifisten basteln sich allerdings lieber Frisbeescheiben (74).

- Der Rest stellt Kanonenkugeln her, die aussehen wie Kohlköpfe. Helmut Kohl galt als der Kanzler, der die Probleme stets aussaß – am liebsten in der Hängematte (82).

- Schließlich werden die Kanonen befüllt – und Feuer ab. Doch die Kohlköpfe halten dem Druck nicht stand, „zerschröddern" (Schröder) in der Luft und landen in der Menge. Das sieht aus, als wäre Raubtierfütterung in einem Gehege (98).

> • *Ich renne zum Reklameschalter und „merkel" die Qualität der Kohlköpfe an. Ganz entsetzt hält sich das Personal die Hand (05) vor den Mund.*

Zur Vertiefung finden Sie im Folgenden zwei weitere Beispiele aus dem Bereich der Allgemeinbildung.

> ### Die Kulturepochen
>
> *Die Kulturepochen Europas unterteilen sich in*
> • *Romanik – Gotik – Manierismus – Barock – Rokoko.*
> *Die dazugehörige Geschichte lautet:*
> • *In der guten alten Zeit liege ich im Bett und lese einen Roman (Romanik).*
> • *Es ist nicht die Bibel, handelt aber dennoch von Gott (Gotik).*
> • *Dieser erzählt von der Wiedergeburt, der Renaissance.*
> • *Was sind denn das für Manieren (Manierismus), frage ich mich, wenn jeder Tote zurück auf die Welt käme?*
> • *Ich schmeiße den Roman in die Ecke und begebe mich an die Hotelbar (Barock), um das Gelesene zu vergessen.*
> • *Das gelingt mir recht leicht, denn dort steht eine Frau in einem äußerst aufreizenden Rock (Rokoko).*

Der nächste Schritt wäre nun, die Jahrhunderte der einzelnen Epochen in die Ihnen bereits bekannte Geschichte einzubinden. Doch das gelingt Ihnen jetzt schon alleine. Zum Abschluss dieses Kapitels widmen wir uns daher lieber noch den Musen.

Den Musen? Die hatten wir doch schon bei der Zuordnungsmethode. Richtig. Nicht jeder lernt gleich. Der eine bevorzugt Zuordnungen, der andere Geschichten. Sie sollen sich wohlfühlen beim Lernen.

Die neun Musen galten bei den Griechen als Schutzgöttinnen der Künste und des geistigen Lebens. Ursprünglich handelte es sich wohl nur um drei, später aber um neun Schwestern im Gefolge des Apollon.

### Die neun Musen

*Die neun Musen und ihre Bedeutung:*

- *Kalliope – epische Dichtung*
- *Melpomene – tragische Dichtung*
- *Thalia – komische Dichtung*
- *Euterpe – Lyrik*
- *Terpsichore – Chorlyrik und Lyrik des Tanzes*
- *Erato – Liebesdichtung*
- *Polyhymnia – Hymnendichtung*
- *Klio – Geschichtsschreibung*
- *Urania – Sternkunde*

*Die dazugehörige Geschichte lautet:*

- *Ich sitze auf der Raumstation Apollo und stelle fest, dass es sich nicht lohnt, an diesem Ort ein Imperium aufzubauen. Es ist viel zu kahl hier oben (Kalliope).*
- *Ich versuche mich aufzuwärmen, indem ich Mehl auf meinen Po (Melpomene) streue. Es ist eine Tragödie.*
- *Kaum haftet das Mehl, rutsche ich ins Tal hinab (Thalia). Wäre es nicht so traurig, wäre es regelrecht komisch.*
- *Im Tal lande ich genau unter einer Kuh und sehe in ihre Euter (Euterpe). Tropfen für Tropfen, so richtig lyrisch, quillt Milch heraus.*

- *Die Tropfen fallen immer im selben Takt zu Boden. Doch da tappt (Terpsichore) die Kuh schon zu einem in der Nähe tanzenden Chor.*

- *Er besteht nur aus Frauen, die sehr erotisch (Erato) gekleidet sind, so richtig zum Verlieben.*

- *Ich beschließe mitzusingen. Es entsteht eine mehrstimmige Hymne (Polyhymnia), eben poly.*

- *Die Frauen im Chor sind von meiner Anwesenheit jedoch gar nicht begeistert und bewerfen mich mit Steinen. Zum Glück steht hinter mir ein Auto, das schon Geschichte schrieb: der Clio (Klio). Mit ihm rase ich wieder den Berg hinauf.*

- *Mit Benzin hätte er die Steigung nicht geschafft, aber dank dem Uran (Urania) im Tank fliege ich regelrecht den Sternen entgegen.*

### Auf den Punkt gebracht

- Die Geschichtenmethode bietet sich vor allem an, wenn Sie Ihre Allgemeinbildung schulen und das Gelernte lange in Ihrem Gedächtnis speichern wollen.

- Eine Geschichte eignet sich immer dann, wenn Ihr zu erlernender Wissensschatz nicht zu viele Informationen enthält.

- Die Geschichtenmethode ist reine Fantasie – und Fantasie ist Gedächtniskunst.

- Sie entscheiden, ob Sie lieber eine Geschichte kreieren oder Zuordnungen bilden.

# Von der Pflicht zur Kür: die Gedächtnismethoden verflechten

Es ist geschafft: Jetzt kennen Sie alle Methoden der Gedächtniskunst! Jede für sich allein ist bereits Gold wert. Doch ihre wahre Leistungsfähigkeit entfalten sie erst in der Kombination.

> Mit ein wenig Übung bekommen Sie sehr schnell ein Gefühl dafür, welche Methode sich für welchen Lernstoff am besten eignet.

Wenn Sie alle Methoden so einstudiert haben werden, dass Sie sie ohne nachzudenken anwenden können, ist es an der Zeit, die einzelnen Techniken miteinander zu verflechten. So entsteht ein Wissensnetz, das Sie nie wieder vergessen, und Sie eröffnen sich ungeahnte Möglichkeiten, mit denen Sie sich auch sehr umfangreiche Informationen in kürzester Zeit effektiv einprägen können. Lediglich Ihre eigene Fantasie kann Ihnen jetzt noch Grenzen setzen.

Nach mehreren Jahren werden Sie so viele dieser Netze in Ihrem Kopf „gesponnen" und die Maschen so eng geknüpft haben, dass es kaum noch einer Information gelingt hindurchschlüpfen. Im Gegenteil: Ganz automatisch verfangen sich neue Informationen in einem bestehenden Netz. Wenn ich Zeitung lese, stellt mein Gehirn sofort Verbindungen zu bereits Bekanntem her. Fast unbewusst verinnerliche ich das neu hinzugekommene Wissen; ich fange es mit meinem Netz ein.

Ich verspreche Ihnen: Von Übung zu Übung, von Verknüpfung zu Verknüpfung, von Geschichte zu Geschichte und von Netz zu Netz wird Ihnen das Erlernen und Speichern neuer Informationen immer leichter fallen.

Um das Verflechten der verschiedenen Methoden zu veranschaulichen, widmen wir uns jetzt den Planeten unseres Sonnensystems. An diesem Beispiel können Sie zudem erkennen, dass die Gedächtniskunst – auf das Wesentliche reduziert – das strukturierte Bilden von Eselsbrücken bzw. Gedankenstützen ist.

> Natürlich können Sie sich die Planeten unseres Sonnensystems auch mit dem bekannten Satz „Mein Vater erklärt mir jeden Samstag unsere neun Planeten" (m = Mars, v = Venus, e = Erde, m = Merkur, j = Jupiter, s = Saturn, u = Uranus, n = Neptun, p = Pluto) merken. Zum einen sind es aber mittlerweile nur noch acht Planeten, zum anderen möchte ich Ihnen zeigen, dass die Gedächtniskunst viel mehr darstellt, als es vereinzelte Merksätze vermögen.

Zwar ist auch die Reihenfolge der Planeten wichtig, da Sie aber in der Regel nicht auf Anhieb wissen müssen, wie zum Beispiel der sechste Planet heißt, empfehle ich hier die Geschichtenmethode.

In meinem Lösungsvorschlag erkennen Sie, dass ich zwar eine Geschichte bilde, gleichzeitig aber auch eine Zuordnung über meinen Körper vornehme – beginnend bei den Füßen. Doppelt hält ja bekanntlich besser!

### Die Planeten unseres Sonnensystems

- *Binden Sie sich in Gedanken eine Uhr um Ihre Füße und überlegen Sie: Wie MERKe ich mir diese Begebenheit? (Merkur)*

- *Wir bewegen uns aufwärts – bis zum rechten Knie. Vielleicht kennen Sie die berühmte Skulptur: „Der Denker" von Rodin. Wie er dasitzt und überlegt, den rechten Arm auf das rechte Knie gestützt und den Kopf schwer in der Hand. Stellen Sie sich vor, wie viel angenehmer es wäre, wenn auf dem rechten Knie eine wunderschöne Frau (oder ein attraktiver Mann?) säße und Ihnen das Nachdenken erleichtern würde. Und welche Frau wäre schöner als die Venus von Milo?! (Venus)*

- *Aber auch die Schönheit hat ihren Preis und ihr Gewicht. Sie spüren, wie sich Ihr Oberschenkel unter der Venus anspannt und anschwillt wie ein Ball – wie der ERDball. (Erde)*

- *Da ist es gut, wenn Sie immer eine Stärkung bei sich haben – am besten einen Mars-Riegel. Das macht ja bekanntlich mobil. (Mars)*

- *Zu viele Mars-Riegel lassen allerdings die Hüften wachsen; Fettleibigkeit droht. Das ist natürlich alles andere als „in". Einen Yuppie kleidet ein solcher Bauchumfang überhaupt nicht. Also schnüren Sie sich in ein Korsett. Damit es sowohl schmiegsam als auch fest sitzt, wählen Sie eines aus Teer aus. Nun hält es Ihren Körper in Form: Ihr Yuppie-Teer-Korsett. (Jupiter)*

- *Damit sind Sie aber noch nicht „in" genug: Piercings müssen her. Sie lassen sich Ringe in Ihre Brüste stechen – die Ringe des Saturns. (Saturn)*

- *„In" zu sein, macht stark. Doch Ihre Schultergelenke sind es noch nicht. Also lassen Sie sich neue schmieden – aus hartem Metall. Aus Uran. Erinnert Sie das nicht an den Planeten Uranus? (Uranus)*

- *Jetzt sind Sie am Hals angekommen. Bis dahin steht Ihnen oft das Wasser? Und er schwillt vor Zorn an, wenn Sie sich „geneppt" fühlen? Eine Plage, dieser Nepp heutzutage. Da soll doch der Wassergott Neptun mit seinem Dreizack dreinfahren. (Neptun)*

Und was ist mit Pluto? Natürlich könnte hier sowohl die Geschichte als auch die Zuordnung zum nächsten Körperteil – dem Kopf – weitergehen. Im September 2006 beschloss die Internationale Astronomische Union (IAU) allerdings, dass Pluto nur ein Zwergplanet sei.

Wundern Sie sich bitte nicht über die ungewöhnliche Erzählweise der Planeten-Geschichte. Es handelt sich um einen Originaltext aus meinen Seminaren, mit dem ich Ihnen zeigen möchte, wie lebendig die Gedächtniskunst sein kann.

### Auf den Punkt gebracht

- Die Methoden der Gedächtniskunst müssen nicht alleine für sich stehen und angewandt werden.

- Verflechtungen sind sinnvoll, um sich komplexe Informationen oder große Datenmengen einzuprägen.

- Je mehr Informationen Sie schon in Ihrem Gedächtnis gespeichert haben, desto leichter fällt es Ihnen, Neues aufzunehmen.

# Wissen auf Wanderschaft: vom Kurz- ins Langzeitgedächtnis

Selbst mir fallen Informationen manchmal nicht sofort ein. Genau das wird aber von einem Gedächtniskünstler erwartet. Worin liegen die temporären Erinnerungslücken begründet? Ist es schlichtweg Unkonzentriertheit? Oder habe ich auf die falsche Technik gesetzt? Nein, nichts von alledem!

Die in diesem Buch vorgestellten Techniken aktivieren überwiegend erst einmal „nur" das Kurzzeitgedächtnis. Für Einkaufslisten, Wegbeschreibungen und dergleichen ist das auch durchaus hilfreich. Bei Informationen aus dem Bereich der Allgemeinbildung wäre es aber eher ungünstig und kontraproduktiv, wenn das – zwar relativ leicht – Gelernte schon nach kurzer Zeit wieder verflöge.

Ich empfehle Ihnen, den erlernten Stoff insgesamt fünfmal zu wiederholen. Nur so kann er vom Kurz- ins Langzeitgedächtnis gelangen.

Die erste Wiederholung sollte bereits nach 20 Minuten erfolgen, die zweite nach einigen Stunden, die dritte innerhalb der nächsten drei Tage, die vierte nach zirka zwei Wochen und die fünfte nach einem Monat.

Insbesondere für das Vokabellernen eignet sich ein Karteikartensystem.

## *Karteikartenkasten: kleine Einheiten in fünf Fächern*

Basteln Sie sich einen Karteikasten mit fünf Fächern, wobei sich die Größe der Fächer jeweils verdoppelt. Splitten Sie nun die zu lernenden Informationen in kleinstmögliche Einheiten auf und notieren Sie jede auf einer separaten Karteikarte. Notieren Sie zum Beispiel auf der Vorderseite die Vokabel und auf der Rückseite die Übersetzung.

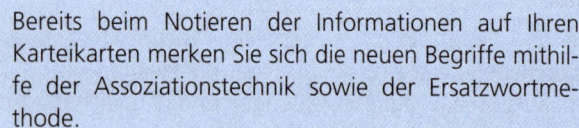

Bereits beim Notieren der Informationen auf Ihren Karteikarten merken Sie sich die neuen Begriffe mithilfe der Assoziationstechnik sowie der Ersatzwortmethode.

Schreiben Sie so viele Vokabeln auf, bis das erste Fach Ihres Karteikartensystems gefüllt ist. Anschließend nehmen Sie die erste Karte und lesen die Vokabel laut vor. Wenn Sie die Übersetzung wissen, dürfen Sie die Karte ins zweite Fach stecken; kennen Sie die korrekte Lösung noch nicht, verbleibt sie als letzte Karte in Fach Nummer eins.

Erst wenn auf diese Weise nur noch drei oder vier Karten im ersten Fach übrig sind, fertigen Sie weitere Karteikarten an. Diese platzieren Sie hinter den verbliebenen Karten in Fach eins und beginnen erneut mit dem Abfragen der Vokabeln und ihrer deutschen Übersetzungen usw.

Nach dem zweiten Durchgang ist nun auch das zweite Fach gefüllt. Jetzt nehmen Sie die erste Karte aus diesem Fach und lesen die Vokabel erneut. Wenn Sie die richtige Übersetzung kennen, wandert die Vokabel in Fach Nummer drei. Machen Sie allerdings einen Fehler, muss die

Karte gnadenlos zurück ins erste Kästchen. Erst, wenn alle Vokabeln auch das Fach Nummer fünf passiert haben und aus dem Karteikasten herausgewandert sind, haben Sie den Lernprozess erfolgreich abgeschlossen.

## Auf den Punkt gebracht

Wenn Sie sich Informationen auf Dauer merken möchten, müssen diese vom Kurz- ins Langzeitgedächtnis wandern. Dies gelingt am besten mit einem Karteikartensystem. Es bietet Ihnen entscheidende Vorteile:

- Das Lernen motiviert Sie, da der Erfolg durch die Wanderbewegung der Karteikarten sichtbar wird.

- Die Verdopplung der Fächergrößen verlängert die Zeitspanne zwischen den einzelnen Wiederholungen kontinuierlich. Die Informationen finden automatisch Eingang ins Langzeitgedächtnis.

- Sie halten sich bei den Wiederholungen nicht mit denjenigen Informationen auf, die Sie bereits sicher beherrschen, sondern widmen sich nur dem Lernstoff, der einer nochmaligen Wiederholung bedarf. Die Zeitersparnis ist enorm.

# Ihr großer Auftritt: Gedächtniskunst zum Angeben

In diesem Kapitel widmen wir uns Lernstoffen, die nicht alltäglich sind. Dabei werden Sie sicher verblüfft sein, was sich mit den verschiedenen Gedächtnistechniken alles merken lässt – zum Beispiel auch Spielkarten. Auf diese Weise möchte ich Sie davon überzeugen, dass es für die Mnemotechnik im Grunde keine Grenzen gibt.

> **!** Egal was Sie sich merken möchten – wichtig ist vor allem, dass Sie die unbekannten Informationen vor dem Lernen strukturieren. Zudem hilft es häufig, sich für bestimmte Gegebenheiten feste Bilder auszudenken. Das haben Sie bereits bei den Informationen in Tabellenform geübt.

Sie möchten Ihre Gedächtnisleistung vor einem großen Publikum vorführen? Dann verblüffen Sie die Anwesenden zum Beispiel damit, dass Sie 52 Spielkarten in der richtigen Reihenfolge wiedergeben. Mit dem Erlernen des Binärcodes können Sie sich darüber hinaus alles einprägen, was mit Wahr-falsch-Aufgaben zusammenhängt. Oder Sie merken sich in einem großen Saal, auf welchem Platz ein Mann und auf welchem eine Frau sitzt. Wie das funktioniert? Das erfahren Sie in diesem Kapitel. Versprochen! Nur so viel vorab: Die größte Herausforderung besteht darin zu erkennen, wie Sie die Mnemotechnik in solchen Situationen korrekt anwenden müssen – dann klappt das Lernen fast von alleine.

> Wer mit der Mnemotechnik „angeben" will, ist moti-
> viert, sie bei jeder möglichen Gelegenheit auszupro-
> bieren und anzuwenden. Also: Verlieren Sie keine
> Zeit!

## Wie merke ich mir Spielkarten?

Stellen Sie sich vor, Sie lassen 52 Karten mischen, schauen
sich die Reihenfolge kurz an und können sie anschließend
exakt wiedergeben. Das klingt unvorstellbar? Zugegeben:
Anfangs werden Sie für diese Aufgabe noch einige Minuten benötigen. Aber mit etwas Übung schaffen Sie es binnen Sekunden. So wie der Brite Ben Pridmore. Er erzielte
2007 in dieser Disziplin den Weltrekord mit nur 26,28
Sekunden. Möglich war diese Leistung einzig und allein
durch die Mnemotechnik – und natürlich jeder Menge
Training, Training und nochmals Training.

Machen Sie es Ben Pridmore nach! Dazu müssen Sie sich
zunächst für jede der insgesamt 52 Karten ein feststehendes Bild einprägen. Hier meine Vorschläge:

### *Kreuz (Bilder aus der Kirche)*

- Ass = Papst
- König = Pfarrer
- Dame = Marienstatue
- Bube = Messdiener
- 10 = Orgel

- 9 = Kirchenfenster
- 8 = Beichtstuhl
- 7 = Taufbecken
- 6 = Kirchenbank
- 5 = Gebet
- 4 = Liederbuch
- 3 = Kelch
- 2 = Brautpaar

### Pik (Bilder aus dem Handwerk)

- Ass = Kran
- König = Polier
- Dame = Putzfrau
- Bube = Monteur
- 10 = Gerüst
- 9 = Betonmischer
- 8 = Schlauch
- 7 = Sieb
- 6 = Bohle
- 5 = Schaufel
- 4 = Kellerloch
- 3 = Fundament
- 2 = Schubkarre

## *Herz (Bilder vom Jahrmarkt)*

- Ass = Riesenrad
- König = Bierzelt
- Dame = Geisterbahn
- Bube = Losbude
- 10 = Autoskooter
- 9 = Luftballons
- 8 = Achterbahn
- 7 = Lutscher
- 6 = Rodeo
- 5 = Wahrsager
- 4 = Karussell
- 3 = Pommesbude
- 2 = Klo-Häuschen

## *Karo (Bilder aus dem Zirkus)*

- Ass = Direktor
- König = Clown
- Dame = Tänzerin
- Bube = Dompteur
- 10 = Zelt
- 9 = Manege
- 8 = Todesrad

- 7 = Trapez

- 6 = Turner

- 5 = Popcorn

- 4 = Pferde

- 3 = Jongleur

- 2 = Löwen

> Manche Bilder ähneln den Basisbildern; auch Tiere kommen vor. Da es sich hier aber um eine spezielle Zuordnung ausschließlich zu den 52 Spielkarten handelt, verursachen diese Doppelungen keine Verwirrung.

Wenn Sie sich alle 52 Bilder eingeprägt haben, müssen Sie die einzelnen Begriffe entlang einer Loci-Route ausrichten. Das heißt: An jedem bekannten Punkt legen Sie eine bestimmte Spielkarte ab.

### Übung: Karten merken

*Möchten Sie sich 52 Karten einprägen, benötigen Sie eine Loci-Route mit 52 Punkten. Ich nutze hierfür meine Wohnung. Das funktioniert natürlich nur, wenn ich mir pro Zimmer mehrere feste Punkte gesetzt habe. Das heißt: Mein Wohnzimmer fungiert nicht nur als ein Punkt auf der Loci-Route. Vielmehr ist dieses Zimmer in*

- *Couch, Blumenampel, Sessel, Fernseher, Zeitungsständer, Schrank und Tisch*

*unterteilt.*

*Ich drehe die erste Karte um, eine Herz 10 (Autoskooter).*
*Diesen Autoskooter verknüpfe ich mit dem ersten Punkt im*
*Wohnzimmer (Couch):*

- *Ich fahre für mein Leben gerne Autoskooter. Wenn nur*
  *diese engen Wagen nicht immer so unbequem wären.*
  *Wäre es nicht toll, wenn ich mit meiner eigenen Couch*
  *fahren könnte?*

*Es folgt die Karo 6 (Turner), die ich mit der Blumenampel*
*verbinden muss.*

- *Wie langweilig ist doch bei den meisten so eine Blumen-*
  *ampel. Still und bewegungslos hängt die Pflanze in der*
  *Ampel. Ich dressiere die Pflanzen vorher, sodass sie das*
  *Gebinde einer solchen Blumenampel als Turngerät nut-*
  *zen.*

*Jetzt sind Sie an der Reihe, die weiteren Verknüpfungen*
*herzustellen.*

## Der Binärcode

„Binärcode" ist die allgemeine Bezeichnung für einen Code, mit dem Nachrichten durch Sequenzen von zwei verschiedenen Symbolen dargestellt werden können. Am
Bekanntesten ist hier 1/0 bzw. wahr/falsch. Der Binärcode
lässt sich auf verschiedene Weisen abbilden.

Wenn Sie einen vierstelligen Binärcode darstellen wollen,
gibt es 16 Möglichkeiten. Das heißt: In diesem Fall müssen
Sie die Ziffern von 0 bis 15 im Binärcode einstudieren.

## *Die Ziffern 0 bis 15 im Binärcode*

- 0 = 0000
- 1 = 0001
- 2 = 0010
- 3 = 0011
- 4 = 0100
- 5 = 0101
- 6 = 0110
- 7 = 0111
- 8 = 1000
- 9 = 1001
- 10 = 1010
- 11 = 1011
- 12 = 1100
- 13 = 1101
- 14 = 1110
- 15 = 1111

Wenn Sie nun eine 0/1-Folge vor sich haben, trennen Sie nach jeweils vier Ziffern. Nach den ersten vier Ziffern haben Sie die Zehnerstelle, nach den nächsten vier Ziffern die Einerstelle. Somit entsprechen vier Binärziffern einer Zahl. Diese wiederum legen Sie entlang einer bekannten Loci-Route ab. Am besten eignet sich hierzu die eigene Wohnung.

### *Übung: Binärcode merken*

*1010100110000111011001010100 ist der Code, den Sie sich einprägen sollen.*

*Als erstes unterteilen Sie diese Ziffernfolge in Viererschritte:*

- *1010 – 1001 – 1000 – 0111 – 0110 – 0101 – 0100.*

*Dies entspricht:*

- *10 – 9 – 8 – 7 – 6 – 5 – 4.*

*Wieder nehmen Sie sich eine Loci-Route vor, zum Beispiel:*

- *Couch – Blumenampel – Sessel – Fernseher usw.,*

*und hängen die 10 (Schuhe) an den ersten Punkt. Im weiteren Verlauf haben Sie sogar die Wahl: Verbinden Sie „nur" die 9 mit dem zweiten Punkt oder nehmen Sie sogar die 98?*

- *Die Schuhe hängen Sie an die Couch. Kennen Sie folgendes Problem: Sie möchten Ihre Couch ein wenig verschieben und schon ist der Fußboden verkratzt. Meine Couch trägt daher Schuhe als Schutz. (Schon haben Sie sich die 1010 gemerkt.)*

- *An die Blumenampel hängen Sie gleich ein Gehege an. Die meisten Gehege sind allerdings so klein, dass sich die Tiere beim Fressen gegenseitig auf die Füße treten. Ich würde das Gehege daher so groß bauen, dass jedes Tier eine eigene Blumenampel als Futternapf hätte. (Und schon haben Sie sich an diesem Punkt den Binärcode 10011000 eingeprägt.)*

*Auch hier sind Sie wieder gefordert, die Geschichte selbstständig weiter zu erzählen.*

Übrigens: 2006 stellte der Israeli Itay Avigdor einen Weltrekord auf, indem er sich innerhalb einer Minute 240 Binärzahlen einprägte.

## Übung: Mann oder Frau?

*Gehen Sie mit Freunden, Bekannten oder Ihrer Familie einige Minuten zu früh in ein Theater, Kino oder Ähnliches. Schauen Sie sich die einzelnen Sitzreihen genau an. Dann wetten Sie, dass Sie, ohne hinzuschauen, angeben können, auf welchem Platz ein Mann und auf welchem eine Frau sitzt.*

*Und so gewinnen Sie die Eintrittskarten:*

*Immer, wenn ein Mann auf dem Platz sitzt, merken Sie sich eine 1. Sitzt eine Frau auf einem Platz, merken Sie sich eine 0.*

- *Von links aus gesehen sitzen nun ein Mann, eine Frau, noch eine Frau und dann wieder ein Mann. Das entspricht dem Binärcode 1001 und damit der Ziffer 9 – also einem Kegel.*

- *Sitzt auf dem nächsten Platz erneut ein Mann, gefolgt von drei Frauen (1000 = 8), merken Sie sich einfach die 98 (Gehege).*

*Nur mit dem Bild des Geheges im Kopf, können Sie so schon die ersten acht Sitzplätze korrekt wiedergeben. In Verbindung mit einer Loci-Route sind Sie damit in der Lage, alle Plätze des Theatersaals eindeutig einem Mann bzw. einer Frau zuzuordnen.*

**Auf den Punkt gebracht**

- Mithilfe von Mnemotechniken können Sie auch ein größeres Publikum unterhalten und beeindrucken.

- Mit den Methoden der Gedächtniskunst ist es zum Beispiel möglich, Spielkarten in der richtigen Reihenfolge wiederzugeben.

- Der Binärcode hilft Ihnen, Ja-/Nein-, Wahr-/Falsch- oder 0/1-Aufgaben fehlerfrei zu lösen.

# Das $SEM^3$-System: die hohe Schule der Gedächtniskunst

Bekanntes mit Unbekanntem mit möglichst viel Fantasie verknüpfen – dieser Satz sollte Ihnen mittlerweile in Fleisch und Blut übergegangen sein. Um diese Botschaft auch tatsächlich umzusetzen, haben Sie 100 feststehende Bilder gelernt und sind somit in der Lage, alle zweistelligen Zahlen bildlich darzustellen. Können Sie sich aber auch vorstellen, die Zahlen von 1001 bis 9999 ebenfalls in Bilder umzuwandeln? Auf diese Weise würden Sie nie wieder eine Telefonnummer vergessen. Termine und Daten allgemein würden sich noch besser in Ihr Gedächtnis einprägen. Und selbst bei „Exoten" wie dem Binärcode könnten Sie 16 Ziffernfolgen auf einmal in ein Bild verwandeln.

All das macht das $SEM^3$-System möglich. Daher gilt es auch als die hohe Schule der Gedächtniskunst.

### Das $SEM^3$-System

*Das $SEM^3$-System (Self Enhancing Master Memory Matrix) ist die Fortsetzung des Major-Systems. Auch hier werden Zahlen in Buchstaben umgewandelt. Anschließend werden die so entstandenen Basisbilder in verschiedene Situationen gesetzt, sodass wir uns nun drei- und vierstellige Zahlen merken können.*

### Die Tausenderstelle

Um die Tausenderstelle darstellen zu können, müssen Sie folgende Auflistung auswendig lernen:

- 0 = sehen
- 1 = hören
- 2 = riechen
- 3 = schmecken
- 4 = tasten
- 5 = Planeten
- 6 = Tiere
- 7 = Vögel
- 8 = Möbel/Zimmer
- 9 = Farben

In der Praxis bedeutet das: Bei allen vierstelligen Zahlen, die mit einer Vier beginnen, kann etwas ertastet werden. Alle, die mit einer Neun anfangen, verändern ihre Farbe. 4005 wäre demzufolge eine Hand, die nach etwas tastet. 9005 steht für eine farbige Hand. Was die Hand tatsächlich ertastet oder welche Farbe sie hat, entscheidet die jeweilige Hunderterstelle.

## Die Hunderterstelle

Bei der Hunderterstelle kommt erneut die Technik „Zahlen werden zu Buchstaben" zum Tragen:

- 0 = Z oder K
- 1 = T oder L
- 2 = N oder V
- 3 = M oder W
- 4 = R

- 5 = S
- 6 = B oder P
- 7 = F
- 8 = H
- 9 = G

Als Erstes prüfen Sie, um welche Tausenderstelle es sich handelt. Ist es zum Beispiel eine Eins, verwandelt sich das entsprechende Basisbild in etwas, das Sie hören. Es kann auch sein, dass das Basisbild selbst hören kann (1 = hören).

Als Nächstes verwandeln Sie die Ziffer der Hunderterstelle in den entsprechenden Buchstaben. Ist es eine Eins, könnten Sie zum Beispiel ein Lachen (1 = T oder L) hören. Die 1105 wäre demzufolge eine lachende Hand – oder Ihre eigene Hand, mit der Sie Ihr Lachen verbergen. Die 2105 entspräche einer lackierten Hand. Die zwei in der Tausenderstelle bedeutet: Es riecht. Die Hunderterstelle ist eine Eins, also muss der Geruch mit T oder L beginnen: Lack.

Haben Sie es gemerkt? Das Bild der Hand bleibt stets bestehen.

Ich gebe Ihnen nun meine Vorschläge für die bildhafte Umwandlung der Hunderterstellen. Doch auch hier sind Ihre eigenen Bilder wieder die besseren. Wichtig ist lediglich, dass Sie sich konsequent an die Technik „Zahlen werden zu Buchstaben" halten.

## 0 als Tausenderstelle – sehen

- 00 = Brille (Brille ist das Bild für 100)
- 01 = Wald

- 02 = Eis (hergeleitet von Nordpol)
- 03 = Berg (hergeleitet von Mountain)
- 04 = Reben
- 05 = Schwimmbad
- 06 = Ballon (Fesselballon)
- 07 = Freizeitpark (einer Ihrer Wahl)
- 08 = Hochhaus
- 09 = Halle (Lagerhalle)

## 1 als Tausenderstelle – hören

- 10 = Drehorgel

*So wäre 1005 eine Hand, die Drehorgel spielt.*

- 11 = lachen
- 12 = näseln
- 13 = meckern
- 14 = röcheln
- 15 = singen
- 16 = Piano
- 17 = Flöte
- 18 = husten
- 19 = gackern

## 2 als Tausenderstelle – riechen

- 20 = Kaffee
- 21 = Lack
- 22 = Nelken
- 23 = Minze
- 24 = Rauch
- 25 = Salmiak
- 26 = Brot
- 27 = Füße
- 28 = Heu
- 29 = Galle

## 3 als Tausenderstelle – schmecken

- 30 = Ei
- 31 = Limone
- 32 = Nüsse
- 33 = Mohrenkopf
- 34 = Rotwein
- 35 = Schokolade
- 36 = Bier
- 37 = Fleisch
- 38 = Hamburger
- 39 = Grütze

## 4 als Tausenderstelle – tasten

- 40 = Kletterwand
- 41 = Leim
- 42 = Nässe
- 43 = Werkzeug
- 44 = Ring
- 45 = Sand
- 46 = Blindenschrift
- 47 = Fingerhut
- 48 = Haut
- 49 = Gras

## 5 als Tausenderstelle – Planeten

Die Planeten haben eine feste Reihenfolge. Somit weiche ich hier von der Zuordnung der Hunderterstellen ab. Das bedeutet, dass die Zahl 51 keinen Planeten mit L oder T darstellt. Eine weitere Ausnahme: Wir benötigen zehn Bilder. Aktuell gibt es aber nur acht Planeten. Daher beginnen wir mit der Sonne und fügen zum Abschluss den Pluto wieder als Planeten hinzu.

- 50 = Sonne
- 51 = Merkur
- 52 = Venus
- 53 = Erde
- 54 = Mars

- 55 = Jupiter
- 56 = Saturn
- 57 = Uranus
- 58 = Neptun
- 59 = Pluto

Die 5.000er-Zahlen bilden Sie, indem Sie die jeweiligen Basisbilder auf die entsprechenden Planeten „setzen". Mir hat es geholfen, dass ich mir zu jedem Planeten ein bestimmtes Merkmal ausgedacht habe. So ist der Merkur beispielsweise staubig, da er der Sonne sehr nahe ist. Auf der Erde wähle ich stets einen bestimmten Fleck, den ich besonders gut kenne. Saturn stellte ich mir als sattes Gefühl vor usw. Mehr verrate ich an dieser Stelle nicht: Jetzt ist Ihre Fantasie gefragt!

## 6 als Tausenderstelle – Tiere

- 60 = Krokodil
- 61 = Löwe
- 62 = Nashorn
- 63 = Maus
- 64 = Reitpferd
- 65 = Schwein
- 66 = Bär
- 67 = Fisch
- 68 = Hund
- 69 = Grille

Da es sich immer um vierstellige Zahlen handelt, kommen Sie bei den 6000ern auf keinen Fall mit dem Tier-Alphabet für einzelne Buchstaben durcheinander.

## 7 als Tausenderstelle – Vögel

Natürlich sind Vögel auch Tiere. Doch die Trennung ist hier so deutlich, dass Sie diese an sich schon bildhaften Darstellungen unbedingt nutzen sollten.

- 70 = Adler
- 71 = Taube
- 72 = Nymphensittich
- 73 = Möwe
- 74 = Reiher
- 75 = Schwalbe
- 76 = Pinguin
- 77 = Flamingo
- 78 = Höckergans
- 79 = Geier

## 8 als Tausenderstelle – Möbel/Wohnung

- 80 = Zimmerdecke
- 81 = Tisch
- 82 = Nachttisch
- 83 = Mangel (Heißmangel)

- 84 = Rollo
- 85 = Schrank
- 86 = Bett
- 87 = Frisierspiegel
- 88 = Hängeampel
- 89 = Heizung

## 9 als Tausenderstelle – Farben

- 90 = orange
- 91 = lustig-bunt
- 92 = NATO-Grün
- 93 = weiß
- 94 = rot
- 95 = schwarz
- 96 = braun
- 97 = fliederfarben
- 98 = himmelblau
- 99 = gelb

Zur Veranschaulichung und praktischen Umsetzung nun noch ein letztes Beispiel:

### Geburtsdaten

- *Ich habe am 6. Juli 1966 Geburtstag.*
- *Dabei handelt sich um zwei vierstellige Zahlen: 0607 und 1966. Dies entspricht: Kabel – Koffer – Lego – Papier.*

- *Jetzt kommt die Geschichtenmethode ins Spiel. Wir erinnern uns: Eine Geschichte sollte einen markanten Anfangspunkt haben. Das wäre in diesem Fall ich selbst, der Autor.*

- *Bei jeder Flugreise umwickele ich mit einem festen Kabel meinen Koffer. Der ist nämlich voller Legosteine, die aus Papier sind. Das ist so selten, dass ich lieber auf Nummer sicher gehe.*

Die Beispielgeschichte klingt zwar völlig unrealistisch, ist aber gerade deswegen sehr effektiv. Mein Tipp: Geben Sie Ihrer Fantasie und damit dem System eine Chance. Ihr Gedächtnis wird es Ihnen danken.

### Auf den Punkt gebracht

- Mit dem SEM³-System können Sie sich vierstellige Zahlen einprägen. Das ist unter anderem bei Telefon- und Kundennummern sehr hilfreich. Auch an Termine werden Sie sich auf diese Weise leichter erinnern.

- Es bedarf einiger Übung, um sich die Bilder entsprechend den Zuordnungen zu den Hunderter- und Tausenderstellen lebhaft vorzustellen – aber das Ergebnis lohnt sich.

- Das SEM³-System beweist: Die Anwendungsmöglichkeiten der Mnemotechnik sind grenzenlos und vor allem fantasievoll.

# Der Autor

Am 6. Juli 1966 wurde Jens der Denker als Jens Seiler in Niedersachsen geboren. Aufgrund einer Fußbehinderung verbrachte er seine Jugend überwiegend im Krankenhaus. Heute kann er weite Strecken zurücklegen, sogar im Verein Tischtennis spielen. Dank privatem Schulunterricht schaffte er eine Ausbildung zum Parlamentsstenografen im Stuttgarter Landtag. In einer Mittagspause wurde er durch einen Artisten auf die Methoden der Gedächtniskunst aufmerksam. Er kündigte seinen Job und verschrieb sich fortan ganz seiner Stärke – dem Denken. Heute bestimmt genau diese Fähigkeit sein Leben. Er tritt regelmäßig im Fernsehen und auf öffentlichen Veranstaltungen auf, gibt Seminare und kombiniert als Speaker Vortrag und Show zu einem Gesamterlebnis.

Weitere Informationen unter www.jens-der-denker.de sowie bei www.wikipedia.de unter dem Eintrag „Jens Seiler".

Impressum:

Verlag C. H. Beck im Internet: www.beck.de
ISBN: 978-3-406-66221-8
© 2014 Verlag C. H. Beck oHG
Wilhelmstraße 9, 80801 München

Lektorat und DTP: Text + Design Jutta Cram, 86157 Augsburg,
www.textplusdesign.de
Umschlaggestaltung: Ralph Zimmermann – Bureau Parapluie
Umschlagbild: © kalinovsky – depositphotos.com
Druck und Bindung: Beltz Bad Langensalza GmbH,
Neustädter Straße 1–4, 99947 Bad Langensalza

Gedruckt auf säurefreiem, alterungsbeständigem Papier
(hergestellt aus chlorfrei gebleichtem Zellstoff)